Aimées

« Venez à moi,
vous tous qui êtes fatigués et chargés,
et je vous donnerai du repos.

Prenez mon joug sur vous et recevez mes instructions,
car je suis doux et humble de cœur ;
et vous trouverez du repos pour vos âmes.

Car mon joug est doux,
et mon fardeau léger. »

Les paroles de Jésus enregistrés dans Matthieu 11 : 28-30

Aimées

Les Femmes qui ont trouvé l'espoir et la guérison en Jésus

Une étude biblique narrative

A. Sue Russell avec Médine Keener

CROSS
PERSPECTIVES

Whittier, Californie

Cross Perspectives
Whittier, Californie

crossperspectives@gmail.com

Les traductions des Écritures dans les récits sont fournies par l'auteur. D'autres citations de l'Ecriture sont extraites de la version Louis Segond de la Bible, *Alliance Biblique Universelle*, 1910.

Couverture et graphisme par David Russell

1010920

Noms: Russell, A. Sue | avec Keener, Médine,

Titre: Aimées, Les femmes qui ont trouvé l'espoir et la guérison en Jésus, / A. Sue Russell; avec Médine Keener.

Description: Whittier, Californie: Cross Perspectives, 2020 | Les récits de rencontres de femmes avec Jésus, qui intègrent des idées tirées de textes scripturaires et d'informations de base et les appliquent à des situations concrètes aujourd'hui.

Identifiants: ISBN 978-1-64047-008-8 (couverture souple) | ISBN 978-1-64047-009-5 (epub)

Dédié à

Tous ceux qui cherchent à apporter

L'espoir et la guérison

Á travers l'amour de Jésus

La table des matières

Une invitation

« *Venez à moi, vous tous qui êtes fatigués et chargés,
et je vous donnerai du repos.* »

Matthieu 11 :28

« Alors, me laisserez-vous planter la graine de l'amour maintenant ? » demanda le Berger.

Much-Afraid recula. « J'ai peur », dit-elle, « on m'a dit que si vous aimez vraiment quelqu'un, vous lui donnez le pouvoir de vous blesser et de vous faire souffrir comme personne d'autre ne peut le faire ».

« C'est vrai, » approuva le Berger, « Aimer veut dire se mettre au pouvoir de l'être aimé et devenir très vulnérable à la douleur et vous avez Très-Peur de la douleur, n'est-ce pas ? »

Elle hocha la tête misérablement et dit honteusement, « Oui, très peur de cela. »

« La graine est très tranchante," dit-elle en reculant. . . "Cela ne fera -t-il pas mal si tu la mets dans mon cœur ? »

Il répondit doucement : « Elle est si tranchante qu'elle se glisse très vite. Mais Much-Afraid, je t'ai prévenu que l'amour et la douleur vont ensemble, pour un temps au moins. . . Si tu veux connaître l'amour, tu dois aussi connaître la douleur." »

Ce livre est une invitation. C'est une invitation aux personnes meurtries et abattues. Aux personnes solitaires, déprimées, blessées. A ceux et celles qui ont été utilisés et rejetés. A ceux et celles qui ont des blessures si profondes que vous avez peur de les affronter.

Ce livre est une invitation à commencer un voyage de guérison. Un voyage douloureux et long. Mais un voyage qui mène à la vie et à l'amour

Certains d'entre vous ont commencé ce voyage depuis longtemps. Vous êtes fatigués et épuisés et vous vous demandez si cela en vaut la peine. Vous avez suivi un chemin jusqu'au sommet d'une montagne et vous avez pensé que vous étiez presqu'au bout du voyage. Alors que vous avez tourné le coin, vous avez vu que la fin de votre voyage était encore loin. Vous êtes fatigués et découragés. Vous n'êtes pas sûrs que vous soyez prêts à continuer. Vous êtes prêts à abandonner. Ce livre est une invitation à se reposer un peu et à réfléchir sur le chemin que vous avez déjà accompli.

Certains d'entre vous n'ont pas encore commencé le voyage. Vous avez peur qu'on vous demande de faire quelque chose que vous ne pouvez pas faire. Vous avez peur d'ajouter un échec de plus, une blessure de plus aux nombreuses blessures que vous portez déjà. La peur vous empêche de commencer. Vous n'êtes pas sûrs que ça en vaille la peine.

Mais, je veux vous féliciter. Vous avez fait un premier pas. Vous avez pris ce livre et avez lu jusqu'à cette page. Cela en soi a exigé du courage.

Ce livre est une invitation à faire confiance à nouveau.

La guérison ne peut pas se produire sans relation.

Ce livre vous invite à rencontrer un homme différent. Un homme qui ne ressemble à personne d'autre. Un homme qui est Amour.

Cet homme a traité les femmes avec dignité, respect et amour. Il les a rencontrées là où elles étaient. Il s'est impliqué dans leur vie. Ce livre est une invitation à rencontrer les femmes qui ont été touchées par son amour et ont commencé à vivre et à aimer à nouveau.

Mais, surtout, ce livre est une invitation à aimer et à être aimé. C'est une invitation à vivre. Vivant dans ce monde, nous expérimenterons la souffrance, mais le voyage vers l'amour passe par la douleur. Ceci est une invitation à commencer. Une invitation qui permet à votre vie d'être transformée par l'amour.

Questions de réflexion

Une invitation

Ce livre vous invite à commencer un voyage de guérison. Quels sont vos espoirs pour ce voyage ?

Identifiez-vous certaines craintes qui vous préoccupent lorsque vous envisagez de commencer ce voyage ?

Quelles sont les barrières qui vous empêchent de démarrer ce voyage ?

Que voudriez-vous que Jésus fasse pour vous ?

Le voyage   partie 1

Retenue prisonnière

Luc 4 :18-19

*« L'Esprit du Seigneur est sur moi, parce qu'il
m'a oint pour annoncer une bonne nouvelle aux pauvres;
Il m'a envoyé pour guérir ceux qui ont le coeur brisé,
Pour proclamer aux captifs la délivrance,
Et aux aveugles le recouvrement de la vue,
Pour renvoyer libres les opprimés,
Pour publier une année de grâce du Seigneur. »*

Chapitre 1
La combattante

La femme cananéenne

Marc 7, 24-30, Matthieu 15, 21-28

Son visage débordait de détermination. Elle possédait une fierté tenace. Sa vie était une lutte constante. Souvent, elle se sentait abattue, mais elle refusait d'abandonner. Pour l'amour de sa fille, elle continuerait à se battre.

Son mari l'avait quittée quand leur fille avait quatre mois. Sans famille, sans aptitudes professionnelles, elle a élevé sa fille du mieux qu'elle pouvait. Elle a refusé de devenir une prostituée, l'un des rares moyens de subsistance pour les femmes non qualifiées. Sa fille devrait peut-être vivre avec la honte de ne pas avoir de père mais pas avec celle d'une mère prostituée.

Elle travaillait de longues heures dans les champs, sa fille assise tranquillement à l'ombre. Bien que ses jours soient remplis de travail, ils étaient remplis de joie. Les rires de sa fille, transformaient même les nuits les plus sombres en joie; la réconfortaient et lui donnaient le courage de continuer à se battre.

Mais, maintenant la lumière était éteinte. Sa fille était malade, très malade. Pas d'une maladie qui pouvait être guérie par les médecins. De la bave s'écoulait de sa bouche, elle se tailladait, se mordait, bref, l'agonie. Sa fille était possédée par un démon. Pour cette maladie, il n'y avait pas d'espoir. Que faire ?

La ville bourdonnait de rumeurs au sujet d'un homme qui venait d'arriver, un rabbin, un enseignant juif. Des rumeurs se répandaient sur la façon dont même les démons lui étaient soumis. Certains disaient même que le rêve juif d'un Messie, le Fils de David, s'était réalisé. Il était venu, le sauveur des Juifs. Mais qui était-elle ? Un rabbin juif ne l'écouterait même pas, elle était femme, pire encore, une femme païenne. Elle valait moins qu'un chien aux yeux des Juifs. Comment pouvait-elle espérer qu'il l'aide ?

Elle s'en fichait. Elle savait ce qu'elle devait faire. Elle ne laisserait pas sa fille mourir. Elle ne se souciait pas de ce que cela allait lui coûter. S'enveloppant rapidement d'un châle, elle partit à la recherche de cet homme. Allant d'une personne à l'autre, elle demandait s'ils avaient vu le rabbin juif.

Mais, malgré toute l'agitation que son arrivée causait, personne ne savait où il demeurait.

Dans son désespoir, elle était frénétique. Avait-il déjà quitté la ville ? Le retrouverait-elle jamais ? Soudain, elle entrevit deux étrangers sur la place du marché. Peut-être qu'ils étaient venus avec le rabbin. Peut-être sauraient-ils où il se trouvait.

« S'il vous plaît, dites-moi où se trouve le Maître », s'écria-t-elle en les rencontrant dans la rue. « Ma fille est en train de mourir. S'il vous plaît, il peut la guérir. » Les disciples continuèrent à marcher, l'ignorant, décidés à compléter les courses que Jésus leur avait demandé de faire.

Mais la femme les suivait en criant : « S'il vous plaît, ma fille est en train de mourir. S'il vous plaît, parlez à votre Maître. Je veux juste un moment de son temps. Juste un moment. S'il vous plait, laissez-moi juste demander. »

« Comment allons-nous nous débarrasser de cette chienne païenne ? » dit un disciple à un autre à voix basse. « Jésus a été envoyé aux Juifs. Son ministère est parmi nous. Qui est-ce qu'elle pense qu'elle est de toute façon ? » Ils continuèrent à marcher, ignorant ses supplications, se dirigeant vers leur lieu de résidence. Ils supposaient qu'elle se lasserait d'attendre et partirait.

Alors que les deux hommes entrèrent dans la cour, la femme se tenait à l'extérieur de la porte, étonnée, désorientée, le cœur brisé - mais seulement pour un moment. Avec une détermination renouvelée, elle traversa la cour et franchit la porte où elle vit des hommes dans une position d'écoute.

Les disciples l'arrêtèrent au moment où elle entra dans la pièce où Jésus parlait avec ses disciples. Comme ils la prenaient par les bras pour la conduire hors de la pièce, elle cria : « Seigneur, Fils de David, aie pitié de moi ! Ma fille souffre énormément ; elle est possédée par un démon ! »

Un silence stupéfait tomba sur la pièce alors que les disciples fixaient leurs yeux sur la femme. Les disciples, embarrassés et honteux, essayèrent nerveusement d'expliquer : « Maître, nous ne pouvions pas l'arrêter. Nous avons essayé de l'ignorer, mais elle a continué à pleurer après nous et nous a suivi ici. Renvoie-la ! »

Le regard de Jésus alla de la femme à ses disciples. La femme qui était déterminée à obtenir la guérison de sa fille. Les disciples remplis de préjugés n'avaient qu'un seul but : l'arrêter. Jésus promena son regard tout autour de la pièce et ne vit que le mépris et la haine pour cette femme. Les cœurs de ses auditeurs étaient unis dans un accord silencieux. Pourtant, personne n'était assez courageux pour exprimer leurs pensées.

Jésus se tourna vers la femme et exprima à haute voix ce que chaque personne dans cette pièce pensait dans son cœur : « J'ai été envoyé seulement vers les brebis perdues d'Israël. » Les disciples applaudirent silencieusement à la réponse de Jésus. Bien fait pour elle. Maintenant, elle va partir.

Pendant qu'il parlait, la femme plongea son regard dans celui de Jésus. Elle y vit non pas de la haine, mais l'amour. L'amour qui lui fit comprendre que ce que Jésus venait de dire n'était pas sa réponse mais celle des disciples. L'amour qui lui donna le courage, la détermination de continuer à se battre. Au lieu d'une rebuffade, les paroles de Jésus étaient une invitation. Lentement, elle se dirigea vers l'endroit où il était assis et s'agenouilla devant lui. Gardant seulement les yeux sur lui, elle plaida : « Seigneur, aide-moi. »

Un sourire s'esquissa au coin de ses lèvres. Il aimait la détermination de cette femme. Une combattante, elle n'allait pas abandonner jusqu'à ce qu'elle ait obtenu la réponse à sa requête. Comme un père taquine affectueusement un enfant, il lui lança doucement un défi. « Ce n'est pas bien de prendre le pain des enfants et de le jeter aux chiens. »

Silencieusement, les disciples applaudirent. Elle est en train de recevoir ce qu'elle mérite. Leurs regards complices indiquaient qu'ils savaient tous que Jésus disait à la femme qu'il aiderait seulement les Juifs, pas les païens.

Mais, la femme avait vu le sourire s'ébaucher sur les lèvres de Jésus. Elle savait qu'elle avait gagné. Avec une lueur dans ses yeux, elle accepta son défi et répondit, « Oui, Seigneur, mais même les petits chiots mangent les miettes qui tombent de la table de leur maître. »

Jésus rit, non pas tellement à cause de la réponse de la femme, mais à la vue des visages déconfits de ses disciples.

Ils avaient été remis à leur place. Les disciples baissèrent les yeux, ne voulant pas rencontrer ceux de Jésus. Ils avaient honte de leurs préjugés non masqués. Non seulement Jésus a accueilli cette femme, mais il a apprécié le fait de plaisanter avec elle. Les disciples avaient seulement vu une femme païenne ; Jésus avait vu une personne de valeur ayant une ferme détermination.

Jésus regarda de nouveau la femme avec des yeux pleins d'amour, d'admiration et de respect. « Femme, vous avez une grande foi. Votre demande a été accordée. »

La combattante avait surmonté ses difficultés. Lorsque les gens lui ont dit qu'il n'y avait pas d'espoir, elle a osé espérer. Lorsqu'ils ont dit qu'elle n'avait pas le droit de demander, elle a quand même demandé. Et lorsqu'on lui a fait comprendre qu'il n'y avait aucun moyen de s'en sortir, elle a trouvé le Chemin.

Je crois que Dieu a une place spéciale dans son cœur pour le combattant ou la combattante. La personne qui se bat contre tout désespoir pour obtenir la guérison. La personne qui n'écoute pas les faits et les statistiques mais qui écoute un Dieu qui répond aux prières. Les personnes qui se tiennent audacieusement devant Dieu jusqu'à ce qu'Il les bénisse :

Évoquons ici quelques personnages de la Bible

- Abraham, qui a demandé à Dieu s'il sauverait la ville entière au cas où il n'y aurait que cinquante justes. Et il a osé continuer à demander jusqu'à ce qu'il soit satisfait, son neveu Lot et sa famille seraient sauvés. Genèse chapitre 18.

- Moïse, qui a hardiment demandé à Dieu : « Montre-moi ta gloire » et Dieu l'a fait. (Exode 33, 18-23).

- Jacob qui ne voulait pas lâcher jusqu'à ce que Dieu le bénisse (Genèse 32).

- Déborah qiu est allée en guerre avec l'armée d'Israël pour sauver son peuple (Juges chap. 4 et 5).

- L'aveugle assis au bord de la route criant : « Fils de David, aie pitié de moi. » La foule lui dit de se taire. Jésus lui dit : « Viens ici ». (Marc 10, 46-52)

Aujourd'hui, nous côtoyons plusieurs combattants par exemple :

- Le parent célibataire qui se bat pour être à la fois maman et papa d'un enfant. Qui lutte pour sortir de la pauvreté, pour donner à son enfant une chance dans le monde.

- La personne maltraitée en tant qu'enfant, aux prises avec de profondes blessures émotionnelles. Le monde les appelle des victimes et des survivants. Dieu les appelle plus que vainqueurs !

- L'adolescente enceinte. Le monde dit d'éviter la honte, de se débarrasser de l'enfant à naitre, de faire valoir ses droits. L'église la condamne, la pointe du doigt. « Voilà un bon enfant qui a mal tourné dit-elle. Gardez-la loin de vous afin qu'elles n'influencent pas vos enfants. » Dieu dit : « Oui, tu as fait un mauvais choix mais continue à te battre. Nous allons trouver une solution ensemble. »

- Le combat de la toxicomane, la concubine, « le deuxième bureau », la prostituée. Elle essaie de se libérer et échoue. Elle se bat avec des envies. Son corps dit de céder, d'abandonner la lutte. Dieu dit : « Lève-toi, n'abandonne pas. Tu n'échoues pas à moins que tu abandonnes la lutte. »

Il y a une persistance audacieuse dans une combattante. Probablement elle échouera autant de fois qu'elle réussira, mais elle se lève et essaye encore. Il y a une beauté spéciale dans une foi acquise à travers des durs combats.

Il y a des moments où la guérison vient instantanément. Plusieurs fois, Jésus a répondu aux appels des gens à leur première demande ou même les a recherchés. Mais, il y a des moments où il n'a pas répondu si rapidement. La réponse de Dieu à nos prières, à ses promesses, n'est pas toujours conforme à notre attente.

Combien d'années se sont passées entre les rêves de Joseph et le moment ou ses frères se sont prosternés devant lui? Combien d'années se sont écoulées entre l'appel de Moïse et les premiers pas des Israélites hors d'Egypte ? Combien d'années se sont écoulées entre l'onction de David et son couronnement en tant que roi ?

Nous essayons diverses suggestions, lisons plusieurs livres, essayons différentes méthodes dans notre recherche de guérison. Si une méthode ne fonctionne pas, nous en essayerons une autre. Je ne dis pas que ces choses sont mauvaises. Mais, souvent, nous rebondissons d'une chose à l'autre parce que nous pensons qu'il doit y avoir un moyen plus facile. Si nous sommes vraiment honnêtes avec nous-mêmes, nous devons admettre que nous cherchons réellement un moyen d'être guéri sans douleur.

Avec la guérison émotionnelle, il n'y a pas de réponses faciles. Il n'y a pas de solution miracle ou de chemin indolore. Malheureusement, la seule façon d'atteindre la guérison passe par la souffrance. Souvent, nous aimerions supprimer cette étape du processus de guérison. Plus tôt nous acceptons que la douleur fasse partie du processus, plus tôt nous apprendrons à l'embrasser, à grandir à travers elle, à apprendre à l'accepter comme un ami.

Nous voudrions aussi quelque chose d'autre ou quelqu'un d'autre pour nous « réparer ». Mais, personne ne peut combattre pour nous. Ils peuvent rester dans le coin et nous encourager. Ils peuvent nous aider à nous lever quand nous tombons. Mais ils ne peuvent pas combattre pour nous. Ils ne peuvent pas enlever la douleur. Nous devons faire face à la douleur.

Si un papillon n'a pas le droit de se débattre en sortant de son cocon, il ne vivra pas. C'est dans la lutte que ses ailes atteignent leur plein développement.

Le problème avec certaines méthodes, livres et personnes, c'est qu'ils offrent des réponses faciles. Trop faciles. Ils veulent désespérément aider une personne à sortir de son cocon spirituel et essayer de rendre le processus de guérison aussi indolore que possible. Nous voulons que la personne soit libre, qu'elle sache ce que c'est de voler. Nous simplifions donc le processus de guérison. Suivez ces procédures. Priez ces étapes, et vous serez guéris. Vous pourrez continuer à vivre.

Parfois, ces raccourcis semblent tentants. Nous sommes fatigués de lutter. Juste quand nous pensons que nous sommes finalement guéris, nous nous retrouvons une fois de plus dans la douleur. C'est tentant d'essayer une méthode et ensuite de dire : « Je suis guéri. Je suis libre », et simplement continuer la vie.

Mais, si notre cocon est coupé trop tôt, si nous n'avons jamais à lutter, nous ne serons jamais guéris. Nous ne serons jamais capables de voler. Si nous essayons d'avancer prématurément dans notre guérison, de confronter un agresseur, de nous impliquer dans le ministère, nous ne ferons peut-être jamais face à notre douleur. Pensant que nous sommes guéris de notre passé, nous ne pourrons peut-être plus y faire face. Et bien que nous ayons pu sortir de notre cocon, nous ne serons jamais vraiment libres.

Mais si nous sommes prets a faire face a la douleur, si nous sommes determines a continuer a nous battre, nous ne serons pas seules. Jesus lui-meme a promis de ne jamais nous quitter, ni de nous abandonner. Il marchera avec nous jusqu'a ce que nous soyons enfin libres.

Questions de réflexion

Chapitre 1   La combattante

Pour quoi ou pour qui vous battez-vous ?

Pourquoi votre combat mérite-t-il d'être mené ?

Quels sont les obstacles auxquels vous êtes confrontés ?

Comment vous voyez-vous ?

Comment pensez-vous que Jésus vous voit ?

Qu'est ce qui constitue votre combat en ce moment ?

Qui pourrait être disposé à marcher avec vous à travers votre douleur ?

Chapitre 2

Quand les rêves meurent

La veuve de Naïn

Luc 7, 11-17

Il est mort. Son fils unique, le seul héritier de son mari. Il n'y a pas longtemps, ils étaient une famille. Les rires de son fils résonnaient souvent dans la sécurité d'une maison aimante. Par leur amour, ils lui avaient appris à aimer Dieu et les autres.

Ils avaient rêvé ensemble. Un voyage à Jérusalem quand il aurait l'âge. La fille qu'il épouserait. Le jour où il serait assez âgé pour travailler au côté de son père.

Il avait montré une aptitude naturelle à la menuiserie. Elle rêvait des jours où il se précipiterait dans la maison et lui montrerait sa dernière création : une poignée grossièrement rabotée ou une chaise tordue ; et son mari marchant derrière lui, les yeux brillants de fierté.

Malheureusement son mari est mort. Il était parti soudainement. Un moment il était dans ses bras. Le lendemain, il était dans la tombe. En un instant, leur famille a été déchirée. En un instant, tous leurs rêves sont morts.

Son fils n'avait alors que douze ans. Avec quelle bravoure il est soudain passé de l'enfance à l'âge adulte. Il a commencé à travailler longtemps et dur en tant qu'apprenti. Bientôt, il deviendrait propriétaire de son propre atelier. Bientôt il épouserait une femme.

Elle a commencé à rêver de nouveau. Une maison pour son fils, un chez soi. La pièce spéciale juste pour elle. Les petits-enfants dont elle s'occuperait. Ils seraient encore une fois une famille.

Mais maintenant son fils était aussi parti. Des amis étaient venus la réconforter, mais il ne pouvait y avoir aucune consolation pour elle. Elle croyait qu'elle avait pleuré ses dernières larmes quand son mari mourut, mais maintenant la douleur lui transperçait le cœur une fois de plus.

Elle s'est assise avec lui, seule, une dernière fois. Elle a regardé son visage, maintenant blême de mort, essayant de mémoriser les traits qu'elle ne verrait plus. Dans un calme désespoir, elle a abandonné son fils, ses rêves, son espoir, à Dieu, son seul Espoir. Maintenant qu'elle allait faire face à une vie d'extrême pauvreté, elle a résolument mis sa confiance dans le Seigneur, son Seigneur. Faisant écho aux paroles d'un autre qui avait perdu tout ce qu'il avait, elle dit calmement : « Le Seigneur a donné, et le Seigneur a pris. Que le nom du Seigneur soit loué. » Elle laissa mourir ses rêves.

Elle sentit un contact doux sur son épaule pendant que les hommes transportaient le corps de son fils à la tombe. Courageusement, elle marchait à côté du cercueil ouvert alors que des hommes le portaient aux portes de la ville. Profondément enfouie dans ses pensées intimes, elle n'avait pas remarqué l'approche de l'étranger.

Soudain, le cortège funèbre s'arrêta. Elle leva les yeux et rencontra les yeux d'un jeune rabbin. Ses yeux semblaient regarder dans son âme même et sentir sa douleur. Il y avait une telle profondeur de compréhension dans ses yeux qu'elle commença à pleurer une fois de plus.

« Tu n'as plus besoin de pleurer, » dit calmement Jésus. Il se dirigea vers le cercueil et toucha le jeune homme.

Lentement, il y eut un mouvement dans le cercueil. Le corps qui avait été un cadavre quelques minutes auparavant, se redressa. Le linge qui l'enveloppait tomba et le jeune homme ouvrit les yeux. « Où suis-je ? Qui es-tu ? Pourquoi suis-je tout ligoté ? »

Les hommes portant le cercueil s'arrêtèrent, choqués, bouche bée. Lentement, ils posèrent le cercueil et reculèrent.

Jésus sourit en voyant leurs expressions et aida le jeune homme à se débarrasser de ses vêtements funéraires. Prenant le jeune homme par la main, il le rendit à sa mère.

Les rêves meurent. Le rêve d'un mariage heureux. Le rêve des enfants qui se tournent vers le Seigneur. Le rêve d'une enfance heureuse. Le rêve d'être guéri, enfin libéré des luttes intérieures.

Depuis que le péché est entré dans le monde, les rêves sont morts. La toute première famille a été brisée quand un frère a tué l'autre. Parfois nos rêves sont brisés. Alors que nous ne sommes pas coupables de mauvaises choses.

Nous blâmons parfois Dieu quand les rêves meurent. Nous secouons le poing contre Dieu d'avoir enlevé notre rêve. Nous pensons que si nous sommes assez bons, si nous utilisons les mots convenables, disons la bonne prière, négocions bien, nous pouvons manipuler Dieu dans le but de nous redonner notre rêve. Et quand il ne le fait pas, nous nous éloignons de Lui en disant qu'Il ne se soucie pas de nous.

Bien au contraire, il se soucie de nous. La vie n'est pas toujours comme Dieu la choisirait pour nous. Dieu permet aux hommes et aux femmes de faire leurs propres choix. Parfois, nous faisons des choix malheureux, des mauvais choix, des choix égoïstes. Parfois, Dieu n'intervient pas pour empêcher une personne de détruire le rêve d'un autre, mais il promet de nous donner de nouveaux rêves, de meilleurs rêves.

Nous devons abandonner nos rêves brisés. Mais, il faut de la confiance pour laisser tomber un rêve, même un rêve brisé. Comment une personne qui n'a jamais appris à faire confiance peut-elle commencer à faire confiance quand il semble que Dieu ait permis que ses rêves soient brisés, oubliés, insatisfaits ? Comment pouvons-nous avoir confiance en un Dieu qui semble ne pas se soucier de nous ?

Nous ne pouvons pas. La confiance s'apprend. Les gens apprennent à faire confiance à Dieu en se faisant confiance les uns aux autres. Les Ecritures, les prières, les procédures n'aident pas toujours une personne à apprendre à faire confiance. Pour abandonner un rêve, il faut être convaincu que la réalité n'est pas si mauvaise. Cela nécessite une relation avec une personne réelle, plus que ce qui peut être accompli dans un rendez-vous de deux heures ou avec des réponses données de façons répétitives et qui ne sont pas vraies.

La confiance nécessite une relation à long terme, la cohérence, la transparence, l'authenticité. Une relation dans laquelle, quoi qu'il arrive, nous ne serons pas rejetés ; un endroit sûr pour renoncer aux rêves brisés. Grâce à nos relations avec d'autres personnes, nous apprenons à faire confiance à un Dieu qui se soucie de nous, qui nous aime, qui tient ses promesses.

Et quand nos mains sont enfin ouvertes, parfois Dieu nous redonne nos rêves. De façon inattendue ; immédiatement, comme le fils ramené à la vie, une mère instantanément guérie de sa maladie ou de ses craintes ; les membres d'une famille désunie qui se réconcilient. En un instant, la réalité devient infiniment plus que ce que nous n'aurions pu jamais espérer ou imaginer même dans nos rêves les plus fous.

Pour d'autres, les rêves sont ressuscités dans un processus qui passe par la douleur. La guérison devient une lutte lente, mais finalement un jour nous sommes libres. Le mari se repent et retourne à sa femme et sa famille. La fille reçoit un traitement contre l'alcoolisme. Après une longue attente, le fils prodigue revient. Il semble que la joie soit plus grande quand la victoire est obtenue à travers la souffrance.

Mais qu'en est-il lorsque Dieu ne semble pas répondre à nos prières ? Nous prions. Nous luttons. Mais Dieu ne semble pas enlever nos désirs. Nous rêvons d'être guéris, mais les blessures sont si profondes qu'il y aura toujours des cicatrices. Parfois, pour des raisons que nous ne comprenons pas, Dieu ne nous rend pas nos rêves.

Pour certains, les aspirations ne sont jamais comblées. Nous ne nous marions pas, nous n'avons jamais d'enfants. Et pour d'autres, la vie est si difficile qu'ils ne peuvent même pas commencer à imaginer ce que ce serait d'avoir un jour de refuge, une journée avec suffisamment à manger. Qu'en est-il de leurs rêves ?

Dieu n'a jamais promis que nous retrouverions toujours nos rêves ici sur terre. Dieu promet quelque chose de mieux.

Un endroit où les rêves ne mourront jamais : le paradis !

La résurrection de Jésus a scellé cette promesse pour toujours. Peu importe ce que les méchants font sur terre, ils ne peuvent pas enlever ce rêve. La résurrection promet que bien que nous éprouvions de la douleur maintenant, Dieu nous réconfortera. La résurrection nous rassure que même si nous luttons maintenant, un jour nous serons libres.

Le paradis. Toute la Création l'attend. Un endroit où les rêves ne meurent pas. Un endroit où chaque larme sera effacée pour toujours. Chaque rêve que nous avons rêvé, chaque désir de notre cœur s'accomplira au moment où nous regarderons le visage de Jésus. Immédiatement. Glorieusement. Triomphalement.

Questions de réflexion
Chapitre 2   Quand les rêves meurent

Pourquoi les rêves sont-ils importants pour les gens ?

Quels rêves sont morts dans ta vie ?

Comment avez-vous pleuré la perte de vos rêves?

Quels rêves avez-vous encore, mais qui ne sont pas encore réalisés ?

Quel espoir Dieu nous donne-t-il au sujet de nos rêves ?

Chapitre 3
La honte supprimée

La femme qui saigne

Marc 5 :24-34, Matthieu 9 :18-26, Luc 8 :40-48

─────────

Elle espérait rester cachée, mais tout à coup la foule était sur elle. Il quittait la ville. Elle avait tellement espéré qu'elle pourrait lui parler pour décharger son cœur. Quelque chose dans ses yeux, dans sa voix lui donnait l'espoir qu'il pourrait la guérir.

Le saignement a commencé il y a douze ans... le saignement. Il y a douze ans, elle est devenue impure. . . Elle ne pouvait plus toucher son mari, de peur qu'il ne devienne impur. . . Elle ne pouvait plus faire la cuisine pour les membres de sa famille de peur qu'ils ne deviennent impurs. . .

Elle avait essayé tous les moyens pour trouver la guérison. Elle a prié. Elle a obéi à chaque commandement. Pourtant, Dieu ne l'avait pas guérie. Elle a consulté un médecin après l'autre pour chercher des remèdes. Parfois, un traitement aidait, et elle avait de l'espoir. Mais le saignement recommençait. Tout l'argent qu'elle avait réussi à épargner était maintenant épuisé.

Elle avait perdu son argent, son mari, sa famille, sa communauté. Pauvre, isolée, elle était seule. La honte était son seul compagnon.

Où était son Dieu en ce moment ? Le Dieu d'Israël. Comment a-t-il pu laisser cette situation se produire ? Serait-elle, pourrait-elle être acceptée à ses yeux à nouveau ? Serait-elle un jour pure, propre ? Ou bien Lui aussi la regarderait-il avec dégoût ?

Elle avait sa réponse : impure, intouchable, indigne. Elle était une paria. C'était sûrement le jugement de Dieu pour un péché qu'elle avait commis.

Pendant douze ans, elle a vécu dans cet isolement. Pendant douze ans, elle a porté son fardeau de honte. Vivante, elle était considérée comme morte, séparée de Dieu, séparée de sa famille, séparée de tous ceux qu'elle aimait. Si seulement elle pouvait être guérie, alors peut-être qu'elle pourrait revivre.

Elle n'avait aucun espoir. Si elle ne pouvait pas être guérie, elle ne serait jamais pure.

Jésus partait maintenant. Toute la foule se pressait autour d'elle. Elle savait qu'elle ne devrait pas être là car elle était impure et tous ceux qui la touchaient devenaient impurs. Mais il était si proche, si seulement, si seulement ...

En pressant en avant, elle parvint à toucher le bord de son écharpe. Instantanément, elle sut qu'elle était guérie. Elle se retourna pour partir, espérant ne pas être remarquée. Soudain, il y eut une agitation dans la foule.

« Qui m'a touché ? » demanda le jeune rabbin en jetant un coup à la foule. Ceux qui l'entouraient immédiatement nièrent l'avoir touché. La femme s'accroupit, essayant de rester invisible.

Les disciples de Jésus, impatients de continuer leur voyage, répondirent : « Maître, les gens s'attroupent et se pressent autour de toi. Seigneur, il y a mille personnes qui te touchent. Pourquoi demandes-tu «Qui m'a touché ? »

Jésus ignora leur commentaire et dit : « Quelqu'un m'a touché. Je sais que la puissance est sortie de moi. » Il continua de regarder la foule jusqu'à ce que ses yeux rencontrent la femme qui l'avait touché. Doucement, ses yeux l'invitèrent à venir à lui.

La femme resta un moment, tremblante, ne sachant que faire. Est-ce qu'il allait la réprimander publiquement ? Allait-il la rejeter ? Son amour l'invitait à aller le voir. Sa peur la retenait sur place. Lentement, elle commença à avancer vers lui.

Les gens se séparèrent pour la laisser passer et reculèrent quand ils virent qui c'était. Elle sentit leurs regards posés sur elle alors qu'elle se frayait un chemin à travers la foule.

Quand elle atteignit Jésus, elle tomba à ses pieds, tremblant, sanglotant, attendant la réprimande qui allait sûrement venir. Doucement, Jésus s'agenouilla devant elle, la regardant avec compassion. Sans lever les yeux, elle lui dit tout : ses saignements, sa quête pour la guérison, son désespoir.

« Et puis, » continua-t-elle en sanglotant, « je t'ai touché. J'étais désespérée et je ne savais pas quoi faire d'autre. Je voulais être pure, complètement guérie et acceptée à nouveau. Je t'ai touché et j'ai été guérie. »

Quand elle eut fini de parler, elle attendit en silence sa réprimande, son rejet. Lentement, elle leva les yeux vers Jésus et vit de la compassion, de l'amour, de l'acceptation. Au lieu de la condamnation, elle trouva le pardon. Il connaissait sa honte et il ne l'a pas rejetée.

Jésus prit sa main et la fit lever. D'une voix assez forte pour que la foule entende, il lui dit : « Ma fille, tu es guérie parce que tu as cru en moi. Tu peux maintenant aller en paix. »

Fille. Il l'a appelée sa fille. Un terme d'affection, d'acceptation. Libérée de sa prison d'isolement, elle pouvait aller en paix.

La paix. Libérée enfin de la honte. La paix avec elle-même. La paix avec Dieu. La paix avec les autres.

La honte. Un sentiment de dévalorisation qui ne disparaît pas. Inacceptable, mal aimée, impure ... peut-être sans que cela ne soit notre faute. Un viol, une violence domestique, une molestation, victime de trafic sexuel ou simplement le fait d'être une femme.

La honte qui dit que nous méritons ce que la vie nous a donné. La honte qui dit que nous ne serons jamais acceptées, que nous devons nous cacher des autres et même de Dieu.

La honte commence par un mensonge. Tu ne vaux rien, tu mérites ce qui t'est arrivé, tu ne seras plus jamais complète. Tu ne mérites pas d'être aimée Nous croyons à ces paroles. Nous les acceptons. Cela nous définit, cela devient ce que nous sommes. La honte devient notre compagnon. La honte devient une maladie que les gens portent et dont peu en guérissent

La honte nous conduit à agir de la façon dont nous croyons être formées. Une profonde tristesse mène à la repentance, mais vivre dans la honte devient un cercle vicieux. Nous allons d'un échec à l'autre. Chaque échec renforce le mensonge suivant : « Tu n'accompliras rien dans la vie. Tu n'as pas de valeur. »

Le genre de douleur que la honte apporte est une douleur désordonnée. Une douleur qui ne mène qu'à une plus grande destruction et à la mort. Quand la douleur devient trop grande à supporter, nous nous abandonnons à l'échec.

La seule façon de briser ce cycle, c'est à travers la vérité. La vérité en ce qui nous concerne, la vérité du point de vue de Dieu et des autres. Mais la seule façon dont les gens peuvent commencer à croire cette vérité c'est quand elle se reflète à travers les autres personnes par la grâce. C'est l'amour qui dit que peu importe ce que j'ai fait, tu m'accepteras toujours. Je peux te montrer les pires dragons que j'ai cachés dans le donjon de mon âme et tu m'aimeras toujours.

L'amour me permet de vivre sans 'les obligations.' L'amour me permet d'être simplement moi. Je peux être satisfaite de la personne que je suis, créée par Dieu ; ni parfaite, ni imparfaite. Avec gratitude, je peux accepter mes dons. Avec humilité, je peux accepter ma faiblesse. L'amour me permet d'être humain.

L'amour ne regarde pas aux fautes que j'ai commises. Il regarde à la personne que je suis : aimable, chérie parce que j'ai été créée de cette façon. Je n'ai pas besoin de faire quelque chose de spécial pour devenir aimable. Je suis aimable. Je suis digne. Je n'ai pas besoin de le mériter. Point !

L'amour voit au-delà des actions et se concentre sur la personne. L'amour voit au-delà du brisement, des échecs, des humiliations et restaure la dignité. L'amour voit au-delà des parties brisées de notre personne et trouve un vase d'honneur.

- Alors que Moïse a tué un Égyptien, Dieu a vu en lui le chef qui conduirait le peuple d'Israël hors d'Egypte.

- Le roi David a commis l'adultère, puis il a menti et il a arrangé un meurtre pour tout cacher. Pourtant, Dieu l'appelle encore un homme selon le cœur de Dieu.

- Rahab était une prostituée quand la grâce l'a trouvée. L'amour l'a choisie pour être l'arrière-grand-mère du roi David.

- Paul était un homme odieux et malveillant. L'amour a fait de lui le plus grand missionnaire de tous les temps.

L'amour prend les échecs, les erreurs, ce que les gens ont formulé pour le mal, et les transforme en bien. L'amour enlève la honte pour toujours.

Questions de réflexion

Chapitre 3 La honte supprimée

Quelles sont les sources de la honte dans ta vie ou dans ta culture?

Quelle honte dans ta vie te garde en captivité ?

Quels événements de ton passé te conduisent à ne pas te confier aux autres ?

Comment est-ce que ta honte te garde-t-elle isolée ?

Qu'est-ce que tu crois dans ta vie qui constitue un mensonge ?

Comment penses-tu que Dieu te voit ?

Comment le fait de comprendre vraiment l'amour de Dieu pour toi peut changer ta vie ?

retenue prisonnière

Il est venu libérer les prisonniers

Matthieu 11 :28-30

« Venez à moi,
vous tous qui êtes fatigués et chargés,
et je vous donnerai du repos.
Prenez mon joug sur vous et recevez mes instructions,
car je suis doux et humble de coeur;
et vous trouverez du repos pour vos âmes.
Car mon joug est doux, et mon fardeau léger. »

43

Chapitre 4
Libérée par l'amour

Marie

Luc 10, 38-42

Marthe se tenait à la fenêtre, regardant la campagne, se souvenant. Dans son esprit, elle revoyait sa sœur Marie et son frère Lazare en train de courir, en train de jouer à travers les champs. Elle sourit à la pensée de sa mère en train de gronder Marie qui était un garçon manqué.

Marie avait seulement un an de plus que Lazare, il était son compagnon en permanence. Marie ... curieuse, sensible, avait naturellement envie d'étudier. Elle trouvait toujours une excuse pour être dans la cour de la synagogue quand Lazare apprenait ses leçons. Celles-ci étaient réservées aux garçons seulement, mais Marie embêtait toujours Lazare jusqu'à ce qu'il s'asseye et lui enseigne tout ce qu'il avait appris ce jour-là.

Marthe dix ans de plus que Marie, était une seconde mère pour elle. Même en tant qu'enfant, Marthe avait toujours été pragmatique, et équilibrée. Elle était toujours responsable ; la personne sur qui on pouvait compter. Celle qui connaissait son devoir et savait ce que sa culture attendait d'elle.

Quand Marthe avait juste 16 ans, elle était devenue comme la mère de Marie et Lazare lorsque leurs parents sont morts. Depuis lors, Marthe gérait la maison jusqu'au jour où Lazare serait capable de gérer ses propres affaires. Elle était à la fois père et mère pour son frère et sa sœur.

« Marthe, Marthe, ils sont là », cria Marie, courant à bout de souffle dans la cuisine.

Marthe rompit sa rêverie et commença à faire les derniers préparatifs pour le dîner qu'elle préparait. Elle aimait Jésus et l'invitait souvent avec ses disciples pour les repas et leur permettre ainsi de se reposer de leurs voyages. Elle avait consciencieusement endossé le rôle attendu des femmes d'Israël. Elle s'occupait de la maison afin que les hommes puissent remplir leur rôle en tant que participants à la vie spirituelle d'Israël. Mais les domestiques étaient en congé aujourd'hui, et elle devait tout préparer elle-même pour ses invités inattendus.

« Vite, Marie, prépare l'eau et les serviettes pour

qu'ils puissent se laver les pieds et ensuite revenir pour prendre une boisson rafraichissante », ordonna Marthe. Elle reprit rapidement ses préparatifs pour la fête qu'elle allait leur offrir. Marthe ne pouvait pas préparer un repas simple. L'hospitalité était sa vocation, et elle voulait servir avec abondance.

« Marie, les boissons sont-elles prêtes ? », appela Marthe dans la pièce principale. Marie vint rapidement chercher le plateau de boissons et commença à servir Jésus et ses disciples. Ils parlaient de la controverse grandissante autour de Jésus et de ses nouveaux enseignements. Elle écoutait tranquillement pendant qu'elle servait. Lentement, Marie servit les boissons, se déplaçant d'un homme à l'autre jusqu'à ce qu'elle arrive à côté de Jésus où son frère était assis.

Jésus commença à parler de ce que signifiait aimer Dieu de tout son cœur. Marie était hypnotisée et elle s'assit à côté de Lazare, écoutant, réfléchissant. Jésus attira son attention et sourit, l'accueillant dans le cercle de ses disciples.

Dans la cuisine, Marthe travaillait frénétiquement, elle n'avait même pas remarqué l'absence de Marie, absorbée par les préparatifs de la fête. Elle réalisa qu'ils avaient besoin de plus d'eau et se tourna vers Marie pour lui demander d'aller au puits. Il n'y avait pas de Marie. Elle regarda autour de la cuisine. Des pichets de boissons attendaient encore sur la table pour être servis. Les serviettes sales étaient éparpillées partout, abandonnées.

« C'est bien Marie de tout laisser ici. Toujours en train de rêver », marmonna Marthe silencieusement. « Combien de temps cela va-t-il lui prendre pour servir les boissons ? Ne réalise-t-elle pas tout le travail que je dois faire ? Où est-elle quand j'ai besoin d'elle ? »

« Marie ! » Cria Marthe. Rien.

« Marieeeee ! » Cria Marthe alors qu'elle se dirigeait vers l'endroit où Jésus et ses disciples étaient assis. En colère et marmonnant dans un souffle, elle entra dans la pièce ; elle vit Marie assise aux pieds de Jésus, en train d'écouter avec les disciples. Horrifiée et embarrassée parce que Marie venait de transgresser la coutume, l'étiquette culturelle, Marthe cria : « Marie ! »

Un silence gêné remplit la pièce. Chaque tête se tourna vers Marthe. Jésus attendait, la regardant, écoutant son explosion verbale avec beaucoup d'amusement.

Soudain, elle se sentit embarrassée, honteuse. Essayant rapidement de justifier son intrusion, elle dit : « Seigneur, cela ne te fait-il rien que Marie me laisse faire tout le travail. Dis-lui de m'aider ! » Le message implicite que Marthe donnait à Jésus était d'enseigner à Marie la place appropriée de la femme, qui est dans la cuisine où les femmes remplissent leur devoir religieux selon la loi religieuse.

Dès que les paroles sortirent de sa bouche, Marthe les regretta. Mais elle était trop fière pour retirer ses paroles. Elle avait l'habitude de diriger. Marthe regarda Jésus avec défi.

Un sourire commença à se former aux coins de la bouche de Jésus.

Il aimait son esprit, son dévouement pour lui, son désir de servir Dieu de tout son cœur comme elle avait été enseignée … à la maison, dans la cuisine, dans le domaine des femmes. Il continua à regarder Marthe dans les yeux, sondant son cœur. Marthe baissa les yeux, évitant son regard perçant. Doucement, Jésus la réprimanda, « Marthe, Marthe. Tu es tellement occupée par beaucoup de choses, des choses temporelles. Marie a choisi quelque chose de mieux. Cela ne lui sera pas enlevé. »

Plusieurs fois, quand cette histoire est racontée, le point principal exprimé est que Jésus a réprimandé Marthe parce qu'elle était occupée par trop de choses matérielles. Le problème de Marthe c'est qu'elle était distraite par ses activités. Nous devons être comme Marie et prendre le temps de souffler et d'écouter Jésus.

Ceci constitue une bonne prédication, mais ce n'est pas la leçon principale de ce passage. Vous voyez, tout au long de l'histoire et dans la culture de Jésus, que les femmes étaient considérées comme inférieures. Elles étaient jugées sales, traîtres, fourbes et facilement trompeuses. Plusieurs fois, elles ont été traitées comme des biens, des propriétés, plutôt que comme des personnes. Elles étaient considérées comme incapables de participer à la vie intellectuelle et spirituelle d'Israël. Les femmes avaient été marginalisées de la vie publique et spirituelle de leurs communautés.

Mieux valait pour les femmes d'être à la maison que dans la synagogue. Mieux valait pour les femmes de prendre soin des besoins physiques des autres que de leurs propres besoins spirituels et intellectuels. Il valait mieux que les femmes restent dans la pièce à l'arrière de la maison plutôt que dans la pièce principale. De nos jours, on dirait qu'il vaut mieux que les femmes ne soient pas vues dans une salle de conférences, une salle de classe ou la chaire d'une église. Marthe connaissait sa place, mais Jésus a invité Marie à faire partie d'un nouveau groupe.

Jésus a déclaré que Marie était une apprentie capable, une personne digne de son cercle d'amis, une partie importante de la vie spirituelle d'Israël. Jésus a accueilli Marie en tant que disciple, une partenaire égale des hommes. Ce jour-là, Marie est devenue une étudiante au même titre que les hommes, un disciple de Jésus comme eux.

Beaucoup de personnes croient que les femmes sont inférieures. Cela depuis Homère dans le monde antique aux hommes dans le monde moderne, les femmes sont considérées comme moins qu'égales, comme des objets. De nombreuses petites filles sont tuées avant même de naitre, d'autres sont vendues comme esclaves. Plusieurs n'ont pas accès à l'éducation, et beaucoup ne peuvent même pas apprendre à lire. Considérées comme propriétés, les femmes travaillent plus dur et plus longtemps, mangent moins et meurent plus jeunes. Considérées comme dangereuses, les femmes sont battues et violées.

Mais Jésus a invité Marie à rester ... en tant que personne, en tant qu'apprentie, en tant que disciple. Dans une culture où les femmes n'avaient pas de voix, Jésus leur en a donné une. Dans une société où les femmes étaient inférieures, Jésus les a rendues égales aux hommes. Dans une société où on leur disait de rester à la maison, Jésus a invité les femmes à «le suivre».

Questions de réflexion

Chapitre 4 Libérée par l'amour

Qu'est-ce que ta culture t'a enseigné sur le rôle des femmes ?

Qu'est-ce que d'autres personnes t'ont dit à propos de toi qui t'empêche d'exercer tes dons ?

Comment les actions de Jésus envers les femmes diffèrent-elles de la façon dont les autres dans sa culture traitaient les femmes ?

Comment les actions de Jésus envers les femmes diffèrent-elles de la façon dont les autres dans ta culture traitent les femmes ?

Chapitre 5
Rencontre avec la vérité

La femme Samaritaine

Jean 4

Elle l'a vu alors qu'elle s'approchait du puits. Elle savait pourquoi il était là. Pourquoi un homme serait-il assis à côté du puits à midi ? Elle soupira. Pourquoi une femme, à part elle, viendrait-elle au puits à midi ? Elle ne se souciait pas de ce que les autres disaient. Mais, elle est venue à midi pour éviter les commérages et les regards froids.

Sa bravoure extérieure cachait un profond vide dans sa vie. Toute sa vie, elle a cherché l'amour. Elle a espéré trouver quelqu'un qui la chérirait, qui remplirait sa soif profonde d'amour. Cinq hommes lui avaient promis l'amour. Cinq hommes l'avaient quittée. Cinq hommes avaient pris une partie d'elle avec eux quand ils l'ont abandonnée.

Elle avait juré de ne plus jamais faire confiance à un homme. Elle vivrait avec un homme. C'était nécessaire, comment pourrait-elle survivre autrement ? Mais la relation serait fondée sur ses conditions à elle.

En s'approchant, elle reconnut par ses vêtements que l'homme venait de Galilée. Un Juif. Que faisait un Juif dans cette contrée ? Les Juifs méprisaient les Samaritains. La seule personne inférieure à un Samaritain était une femme. Immédiatement, son mécanisme de défense était en place alors qu'elle arriva au puits.

Le jeune rabbin juif sourit en la voyant s'approcher. Il avait l'air épuisé de ses voyages. « Veux-tu me donner un verre d'eau ? » Lui demanda-t-il.

Elle fut complètement désarmée par sa demande.

Les Juifs ne s'asseyaient même pas à la même table que les Samaritains, et n'utilisaient pas le même récipient pour boire. Lentement, elle laissa descendre son récipient dans le puits, le remonta, puis versa une tasse d'eau froide à cet étranger qui suscitait sa curiosité. Elle demanda audacieusement, « Vous êtes un Juif, mais vous demandez à boire a moi qui suis une femme Samaritaine, pourquoi ? »

Jésus répondit avec un sourire : « Si tu connaissais le don de Dieu et qui je suis, tu m'aurais demandé de te donner de l'eau vive. »

Elle le fixa du regard. Elle connaissait les hommes trop bien pour faire confiance à cet homme si facilement. Les hommes lui avaient dit beaucoup de choses. Elle n'allait pas croire ce que celui-ci dirait, surtout un Juif. Elle ne demanderait rien à un Juif. Pourtant, il y avait quelque chose au sujet de cet homme qui inspirait le respect. Il était différent.

« Monsieur, vous n'avez pas de récipient pour puiser de l'eau et ce puits est profond. Comment allez-vous me donner cette eau vive ? Ce puits a été ici depuis le début de la nation d'Israël. Jacob nous a donné ce puits, et il a été utilisé pendant des siècles. Est-ce que vous prétendez être plus grand que notre père Jacob ? »

Jésus n'était pas vexé par sa remarque, mais, au contraire, il aimait l'esprit de cette femme. Il aimait son intellect, sa curiosité. Il prolongea un peu plus sa curiosité en disant : « Celui qui boira l'eau de ce puits aura de nouveau soif. Mais celui qui boira l'eau que je lui donnerai n'aura plus jamais soif. En fait, l'eau que je donne apporte la vie éternelle. »

Qui était cet homme ? Un rabbin ? Un enseignant ? Il ne ressemblait à aucun Juif qu'elle avait rencontré ou même à aucun homme qu'elle avait connu. Il n'était pas venu pour prendre, mais pour donner. Son esprit n'avait pas encore entièrement compris le sens de ses mots. Provisoirement, elle dit : « Je veux boire cette eau dont vous parlez. Donnez-moi cette eau pour que je n'aie plus besoin de venir ici et puiser de l'eau. »

Jésus lui lança un regard perçant. Elle n'avait pas compris la signification de ses mots, ou ce qu'il offrait. Il lui dit gentiment : « Va appeler ton mari. »

La femme le regardait, se demandant ce qu'il fallait faire. Jésus attendait, étant conscient de la lutte intérieure de la femme. Elle avait menti, trompé et manipulé d'autres hommes, mais d'une manière ou d'une autre elle ne pouvait pas le faire avec l'homme assis devant elle. Finalement, elle dit la vérité sur elle-même, « je n'ai pas de mari ».

Un sourire commença sur les lèvres de Jésus alors qu'il répondit : « C'est vrai. » La femme le regarda avec de grands yeux alors qu'il poursuivit : « Le fait est que tu as eu cinq maris et l'homme avec lequel tu vis en ce moment n'est pas ton mari. »

Elle le fixa du regard. Son cœur, sa vie, ses péchés étaient dévoilés devant lui. Pourtant, il n'y avait pas de condamnation dans sa voix. Qui était cet homme qui connaissait la vérité à son sujet mais l'acceptait tout de même ? Il n'était pas un homme ordinaire. Lentement, elle commença à comprendre, quelque chose dans son cœur s'agita. Pourrait-il être le prophète, celui qui révélerait et restituerait toutes choses ?

« Je vois que tu es un prophète », dit-elle en admettant sa réponse. Mais il était toujours un juif et elle était Samaritaine. Etait-il digne de confiance ? Les Juifs ne permettaient même pas aux Samaritains d'adorer avec eux. Mais qui d'autre serait-il ? Allant plus loin dans ses pensées, elle déclara leur fossé historique, « Nos ancêtres ont adoré Dieu ici sur la montagne, mais les Juifs déclarent que la place où nous devons adorer est Jérusalem. »

Jésus sourit à sa question. C'était une femme intelligente, elle avait manifestement pensé à ces choses. Jésus lui répondit : « Vous, les Samaritains, vous n'avez vraiment pas compris qui vous adorez. Dieu a dit que le salut viendra des Juifs. Mais, le lieu de culte n'est plus important. Le moment est maintenant venu pour que les vrais adorateurs adorent Dieu en esprit et en vérité. Dieu est Esprit, et ceux qui veulent l'adorer doivent l'adorer en esprit et en vérité. Ce sont les adorateurs que Dieu cherche. »

La femme sonda un peu plus loin l'identité de cet homme : « Je sais que le Messie arrive. Quand il viendra, il nous expliquera tout. » Tout comme vous l'avez fait, pensa-t-elle silencieusement. Elle attendit, regardant intensément Jésus. Avait-elle deviné à juste titre ? Etait-il le Messie ?

Jésus rit, « Oui, je suis le Messie. »

La vérité est le commencement de la guérison. La vérité est le commencement et non la fin d'une relation avec Jésus. Certains d'entre nous veulent plutôt se cacher dans une religion. La religion nous permet de garder la vérité à distance, d'accomplir simplement les bons rituels, de dire les mots corrects, afin que la vérité n'ait jamais à paraître.

Mais Dieu ne veut pas de religion. Il ne veut pas de nos rituels. Il veut notre être entier ! Il veut une relation avec nous. Il connaît déjà la vérité en ce qui nous concerne. Mais une relation vraie nous oblige à regarder la vérité sur nous-mêmes. Parfois, la vérité blesse. La vérité nous fait faire face à qui nous sommes vraiment. La vérité ne nous permet plus de blâmer les autres pour nos actions.

C'est effrayant de croire la vérité. La vérité peut être inconfortable. Elle nous expose et nous laisse vulnérables. Nous ne pouvons plus nous cacher derrière nos masques. Nous devons devenir responsables. Nous devons reconnaître qui nous sommes et ce que nous avons fait.

La vérité nous oblige à accepter à la fois le bien et le mal au sujet de nous-mêmes. Cela veut dire : apprendre à accepter que nous ne sommes pas parfaits, mais nous ne sommes pas totalement sans valeur non plus. La vérité signifie comprendre que nos actions passées n'ont pas à nous définir.

La vérité nous met mal à l'aise parfois. Nous n'y sommes pas habitués. Cela semble contraire à ce que les autres nous ont dit alors que nous étions enfants. Mais pour grandir, pour guérir, nous devons abandonner les mensonges. Nous devons reconnaître le péché. C'est la partie qui fait mal. La croissance vient quand nous commençons à accepter la vérité sur nous-mêmes. Ce n'est que lorsque nous abandonnons le mensonge et le péché que nous serons capables de nous voir comme Dieu nous voit.

Laissez-moi vous raconter une petite histoire pour illustrer ce point. Il y avait autrefois un minuscule rosier qui poussait dans un champ. Juste en passant, vous ne l'auriez pas reconnu comme un rosier. C'était un petit buisson épineux, essayant d'envoyer ses racines dans un sol rocailleux et stérile. D'une façon ou d'une autre, il avait réussi à se développer tout seul avec les faibles pluies qu'il avait reçues

Un jour, un jardinier qui passait par là a repéré le petit rosier. Il l'a reconnu comme un type rare de rosier, celui qu'il avait désiré ardemment toute sa vie. Atteignant la tige au-delà des épines, il vit qu'elle était assez résistante pour être transplantée. Mais, il devrait attendre jusqu'à ce que le moment soit convenable. Il savait qu'il ne pouvait pas précipiter les choses au risque de détruire la vie fragile qui était là.

L'hiver arriva enfin, et le jardinier alla déraciner le rosier pour le planter dans son jardin. D'abord, il devait couper toutes les branches épineuses qui avaient poussé pendant les années de mauvaise nutrition. Ensuite, il creusa soigneusement autour des racines et les tailla également.

En regardant le rosier à ce moment-là, on pouvait penser que le jardinier l'avait détruit. Tout ce qui restait c'était quelques brindilles sur le dessus et un bout où les racines tordues avaient grandi. Il semblait pire que quand il poussait dans le sol rocheux. Une certaine croissance, aussi épineuse soit-elle, était tout de même une croissance. Mais maintenant il semblait qu'il ne restait plus rien du tout.

Le jardinier sourit alors qu'il ramenait le rosier à la maison. Il avait préparé un trou et l'avait rempli du meilleur sol et des meilleurs éléments nutritifs. Avec précaution, il plaça le rosier dans le trou, écartant les petits bouts de racines pour qu'elles poussent en profondeur.

Pendant longtemps, le petit rosier n'a pas montré de croissance. Mais profondément au-dessous de la surface, les racines commençaient à se répandre dans le bon sol, en se nourrissant. Lentement, les feuilles commencèrent à pousser au fur et à mesure que le jardinier arrosait et s'occupait de sa petite plante. Et enfin, un jour, à la grande joie du jardinier, le petit rosier a commencé à fleurir.

La vérité commence à élaguer/débarrasser les mensonges que nous avons appris à croire. La vérité permet au péché d'être reconnu et libéré. Ça fait mal. Après que le péché a été taillé de nos vies, il semble qu'il n'y a plus rien. Mais lentement dans le sol des relations saines, de vrais amis, de mentors utiles et de l'amour de Dieu, nous pouvons commencer à croire en ce qui est réellement vrai. Et quand nous commençons à croire, nous commençons à devenir les personnes que Dieu a créées. Le véritable amour ne fleurit que dans la vérité.

Questions de réflexion

Chapitre 5   Rencontre avec la vérité

Quelles étaient certaines des barrières entre Jésus et la Samaritaine ?

Quelles sont les barrières entre toi et Jésus ?

Quelles vérités au sujet de toi, crains-tu de confronter ?

Quelles actions passées ont défini ta vie ?

Comment ces vérités t'empêchent-elles d'être ouverte aux autres ?

Quelles vérités t'empêchent d'avoir une relation avec Dieu ?

Quelles sont certaines bonnes qualités que tu possèdes et pour lesquelles tu n'arrives pas à te convaincre qu'elles sont en toi ?

Comment penses-tu que Dieu te voit ?

Comment penses-tu que Dieu veut que tu considères ta propre vie ?

Chapitre 6

Rencontre avec la grâce

La femme surprise en flagrant délit d'adultère

Jean 8, 2-11

Assis dans la cour du temple, Jésus enseignait la foule. Soudain, il y eut de l'agitation lorsqu'un groupe de pharisiens et des enseignants de la loi surgirent de la foule, traînant une femme avec eux. Ils la poussèrent en avant, directement devant Jésus et déclarèrent : « Maître, cette femme a été prise en flagrant délit d'adultère. Selon la loi de Moïse, nous avons reçu l'ordre de lapider de telles femmes. Que dis-tu ? »

Elle se tenait tremblante devant lui, honteuse, effrayée. Jésus regarda les visages durs des hommes qui le regardaient avec défi. Leurs actions étaient destinées à le placer dans un dilemme impossible, sauver cette femme ou se protéger de leurs accusations.

Il n'y avait aucun doute que la femme était coupable. Elle avait été surprise en flagrant délit d'adultère. Mais, il n'y avait aucun signe de l'homme avec qui elle avait commis le péché. Jésus était furieux qu'ils traitent cette femme comme un objet à utiliser pour leurs buts et ensuite mise au rebut. Elle était comme l'appât dans un piège. Il les examina du regard, sondant leurs cœurs. Puis il regarda la femme, la compassion remplissant son cœur. Il s'assit de nouveau, silencieux.

« Jésus, dis-nous ce que nous devrions faire ! » Les pharisiens attendaient sa réponse. Certains se sentaient de plus en plus mal à l'aise alors que Jésus se baissa pour écrire sur le sol.

Finalement, Jésus se leva, regarda les hommes dans la foule un par un, ses yeux scrutant leurs cœurs. Un par un, les hommes baissèrent leurs yeux, se sentant accusés et honteux. « Celui d'entre de vous qui est sans péché, qu'il soit le premier à jeter une pierre à cette femme » dit calmement Jésus. Alors il se pencha de nouveau et continua à écrire sur le sol.

Un par un, ceux qui étaient présents s'éloignèrent silencieusement, les hommes plus âgés en premier. Les pierres qui, quelques instants auparavant, étaient prêtes à être jetées, tombèrent des mains. Les hommes plus jeunes, n'ayant plus le soutien de leurs aînés, abandonnèrent les lieux à contre-cœur. Finalement, seule la femme se tenait devant Jésus.

Jésus se leva et regarda la femme ; puis il lui demanda doucement : « Femme, où sont tes accusateurs ? Où sont ceux qui veulent te condamner ? Y a-t-il quelqu'un ici qui te condamne ? »

Pour la première fois, la femme leva les yeux. Lentement, elle regarda autour d'elle. Il n'y avait personne d'autre que Jésus et des pierres éparpillées sur le trottoir. Comprenant peu à peu ce qui s'était passé, elle répondit : « Personne, monsieur. »

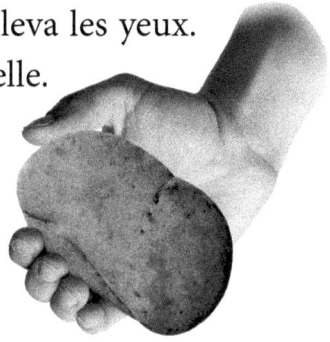

« Moi non plus, je ne te condamne pas » répondit Jésus, « va et ne pèche plus ».

Je me demande si la raison pour laquelle il y a tellement d'avortements ce ne serait pas parce que les jeunes filles ont peur de dire à leurs parents qu'elles ont commis une bêtise.

Je me demande si les jeunes gens qui rejoignent les gangs ou les groupes de malfaiteurs ne sont-ils pas là parce qu'ils ont peur de parler de leurs luttes intérieures.

Je me demande si les gens s'éloignent des églises parce qu'ils ont peur d'y recevoir des pierres au lieu des embrassades.

Quand nous vivons par la grâce, nous communiquons le message suivant : tu as fait une erreur, prenons le temps de parler et de trouver une solution.

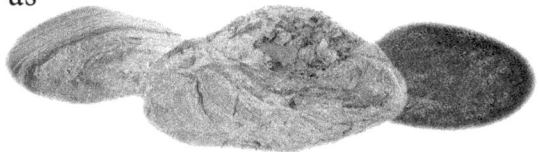

La grâce fit sortir le fils prodigue de la porcherie et lui mit une robe sur le dos et une bague au doigt. La grâce a transformé le fils rebelle en un fils loyal.

La grâce a trouvé Pierre dans un bateau de pêche après avoir renié Jésus et l'a appelé à servir. La grâce a transformé Pierre le vantard en Pierre le roc.

La grâce a trouvé Jean-Marc après qu'il a abandonné la mission et lui a demandé de réessayer. La grâce a transformé le déserteur en un serviteur fidèle.

La grâce prend soin de l'adolescente enceinte et lui donne un environnement sûr et aimant.

La grâce trouve le fils prodigue en train de mourir du sida et le transforme en disciple.

La grâce trouve l'enfant soldat et le transforme en enfant de Dieu.

La grâce ne nous exige pas d'être parfaits, juste obéissants. L'amour nous permet de faire des erreurs et de nous lever et de réessayer.

Questions de réflexion

Chapitre 6 Rencontre avec la grace

À ton avis, qu'est-ce que la femme a senti quand Jésus lui a pardonné ?

Quels types d'actions pensez-vous sont impardonnables ?

Quels choix as-tu fait dans ta vie pour lesquels tu sens que Dieu ne peut pas pardonner ?

Comment votre vie changerait-elle si vous apportiez vos échecs passés à Dieu et trouviez le pardon à travers Jésus ?

Le voyage - partie 3

Retenue prisonnière
Il est venu libérer les prisonniers

Libre, libre enfin

Jean 8 :36
*« Si donc le Fils vous affranchit,
vous serez réellement libres. »*

Chapitre 7
Libérée pour aimer

La pécheresse

Luc 7, 36-50

Son regard la hantait. Chaque fois qu'elle s'arrêtait pour réfléchir, ses mots, sa voix faisait écho dans son âme. Elle avait essayé de l'ignorer mais elle se sentait attirée par sa personnalité. Elle avait essayé de se moquer de lui, mais ses mots ont percé son cœur.

Il lui avait jeté un coup d'œil pendant qu'il enseignait. D'un regard, il avait démasqué sa véritable identité. Elle considéra honnêtement ce que sa vie était devenue. Aucun homme respectable ne souhaiterait être vu avec elle. Elle sourit pendant un moment. Non, les hommes respectables se faufilaient toujours par la porte arrière pour passer du temps avec elle. Elle se mit à marcher sans but, luttant intérieurement. Peu importe ce que les autres pensaient d'elle, de sa vie jusqu'à l'arrivée du Rabbin.

Il était différent. D'une manière ou d'une autre, il lui avait donné envie d'être différente, d'être propre. Il ne ressemblait à aucun homme qu'elle avait connu auparavant. D'autres l'avaient regardée avec convoitise. Mais Jésus l'avait regardée avec amour, avec compassion. Elle ne pouvait plus supporter la lutte. Elle devait faire quelque chose ; elle devait être libérée.

Attrapant rapidement un pot de parfum en albâtre, elle courut vers la maison où Jésus mangeait. Pleurant, brisée, les larmes coulant sur son visage, elle tomba à ses pieds. Ne se souciant pas de ce que les autres pensaient, elle laissa tomber ses cheveux et commença à essuyer ses pieds avec ses cheveux. Elle les embrassa et les oignit de parfum. En les tenant fermement et en sanglotant, elle supplia : « Oh mon Dieu, je veux être propre. » La fille prodigue est tombée dans les bras du Père.

Simon, l'hôte, le pharisien dévot, était choqué et sans voix. Comment Jésus n'avait-il aucune idée de qui était cette femme ? Comment pouvait-il même permettre à une telle femme de le toucher ?

Jésus savait ce que Simon pensait. Simon, un homme religieux qui se glorifiait de sa pureté, la répulsion se devinait sur tout son visage. Jésus dit à Simon : « Deux hommes avaient emprunté de l'argent a un certain usurier et ne pouvaient pas le rembourser. La dette de l'un était dix fois plus grande que celle de l'autre, mais l'usurier annula ses deux dettes. Maintenant, qui l'aimera le plus ? »

Simon, ne sachant pas exactement ce que Jésus essayait de dire, répondit : « Je suppose que c'est celui qui devait le plus d'argent. » « C'est exact », répondit Jésus. Puis, se tournant vers la femme qui sanglotait encore à ses pieds, il continua : « Tu vois cette femme, Simon ? Quand je suis venu chez toi, tu n'as pas fourni l'eau habituelle pour que je puisse me laver les pieds. Pourtant, elle a mouillé mes pieds avec ses larmes et les a essuyés avec ses cheveux. Tu ne m'as pas salué avec un baiser, mais cette femme n'a pas cessé d'embrasser mes pieds. Tu n'as pas mis d'huile sur ma tête, mais cette femme a oint mes pieds avec de l'huile. Oui, elle a beaucoup péché, mais l'effusion de son amour ce soir montre la profondeur de sa repentance. Ses nombreux péchés sont pardonnés. Ceux qui ne se repentent pas ne peuvent expérimenter ce pardon, Ils n'aimeront qu'un peu. »

Parlant doucement à la femme, Jésus dit : « Tes péchés sont pardonnés. Parce que tu as cru en moi, tu es pardonnée. Va en paix. »

Avez-vous remarqué le contraste ? Voici Simon, c'est un homme avec un statut élevé dans sa communauté, possédant toutes les bonnes références religieuses. Quelqu'un que vous seriez heureux d'avoir dans votre église et qui serait proba-blement un leader dans la plupart des églises aujourd'hui. Il était quelqu'un qui était plutôt bien considéré aux yeux du monde.

Et puis il y avait la femme. Nous ne savons pas grand-chose sur sa vie. Nous ne savons pas vraiment quel genre de personne elle était. Tout ce que nous savons, c'est qu'elle était considérée comme le genre de personne avec laquelle on ne devait pas s'associer. Elle était une femme et une pécheresse. Personne de respectable ne voudrait la recevoir dans sa maison. Ce n'est probablement pas le genre de personne avec laquelle la plupart des églises sont à l'aise ou qu'elles veulent avoir dans leurs bancs.

Considérons deux personnes : une avec les meilleures références ; l'autre avec les pires qualificatifs. Mais ce ne sont pas eux qui sont au centre de l'histoire. C'est ce qu'ils ont fait. Simon, l'homme honorable, a agi de façon déshonorante envers Jésus. Il n'a même pas offert à Jésus l'hospitalité d'un égal social. Simon a traité Jésus comme un serviteur. La femme susceptible de le déshonorer, a honoré Jésus dans ses actions. La bonne personne qui a fait la mauvaise chose et la mauvaise personne a fait la bonne chose. Pour Jésus, c'est celle qui fait la bonne chose qu'il a reconnue comme son disciple.

Aimer Jésus ne se limite pas à qui vous êtes ou qui vous étiez. C'est à propos de ce que tu fais. L'un était bien respecté aux yeux du monde, l'autre était bien acceptée aux yeux de Jésus, et elle a expérimenté son amour, sa grâce et son pardon.

Questions de réflexion

Chapitre 7   Libérée pour aimer

A ton avis, pourquoi la femme est venue à Jésus ?

Pourquoi Simon a-t-il réagi comme il l'a fait ?

Quel était le contraste entre la réponse de Simon à Jésus et celle de la femme ?

Comment essayons-nous d'être bons aux yeux des autres et de Dieu ?

Comment regardons-nous aux yeux de Jésus ?

Chapitre 8
Libérée pour louer

La femme paralysée

Luc 13, 10-13

Lentement, elle trouva son chemin vers les sièges de la synagogue occupés par des femmes. Affaissée, courbée, elle avançait douloureusement. Pendant dix-huit ans, elle était dans cette condition. Pendant dix-huit ans, elle est venue louer Dieu.

Elle ne savait pas pourquoi Dieu avait permis cette paralysie. Elle aimait Dieu. Elle Lui était dévouée. Elle ne comprenait pas les voies de Dieu mais elle était prête à lui faire confiance, à supporter patiemment.

Elle ne pouvait faire que ce qui était à sa portée. Elle était aimée de tous ceux qui la connaissaient pour sa douce sagesse, son amour. Les enfants se réunissaient joyeusement autour d'elle pour écouter ses histoires. Aucun étranger n'a jamais laissé sa maison sans avoir reçu un repas. Chaque semaine, elle venait à la synagogue, écoutant attentivement la parole de Dieu. Satan pouvait lier son corps, mais il ne pouvait pas lier son esprit.

Jésus la vit entrer, son cœur attiré par le dévouement de cette femme. Son cœur était touché par tout ce qu'elle avait souffert. Elle ne souffrirait plus un moment de plus.

Alors qu'elle levait les yeux de ses prières, il se leva et s'adressa à elle, « Viens ici. » Sans hésitation, elle se leva et s'avança péniblement. Elle se tint devant Jésus, courbée par la maladie, attendant avec espoir. Jésus posa ses mains sur ses épaules. « Femme, tu es libérée. Tu es guérie de ta souffrance. »

Immédiatement, elle se releva. Elle leva la tête et regarda dans les yeux de Jésus, les larmes coulaient sur son visage. « Je vous remercie ! Merci ! Merci ! » La femme prit Jésus par la main et se mit à danser autour de la synagogue dans la joie, louant le Seigneur en chanson. Ses amis, sa famille et ses voisins qui l'avaient vue souffrir la rejoignirent dans ses louanges. Les hommes, les femmes et les enfants vinrent tous partager sa joie. Les gens riaient, dansaient et chantaient. La joie exubérante était mêlée aux larmes de gratitude.

« Arrêtez ! » cria l'un des dirigeants de la synagogue, en essayant de rétablir l'ordre, « Arrêtez ! »

Les gens s'arrêtèrent sur place ; le silence tomba sur la foule.

« Il y a six jours pour travailler, venez vous faire guérir ces jours-là, mais pas le jour du sabbat. » Se sentant réprimandée, la foule baissa les yeux.

Jésus leur répondit : « Hypocrites, le jour du sabbat, chacun de vous délie son bœuf ou son âne afin qu'il puisse boire de l'eau. Alors, cette femme, une fille d'Abraham que Satan avait gardé liée pendant dix-huit ans, ne devrait-elle pas être libérée le jour du sabbat ? »

Ils se regardèrent les uns les autres. Les dirigeants étaient en colère parce que leur système était perturbé. Jésus était lui aussi en colère à cause de leur attitude envers cette femme, leur froideur, le fait qu'ils se souciaient plus de leur religion que de leurs fidèles. Les dirigeants, humiliés et honteux, quittèrent la synagogue.

Les gens continuaient à être figés sur place, personne n'osait bouger. Puis, une voix commença à chanter des louanges à Dieu, puis une autre et une autre jusqu'à ce que la pièce tout entière soit remplie de chants de joie, de gratitude et de louange.

Les voleurs de grâce sont partout. Ce sont des personnes qui sont plus préoccupées par le désir de faire les choses selon la règlementation humaine plutôt que le travail que Dieu fait.

Les voleurs de grâce sont des gens plus concernés par le maintien du système que par le besoin de se sentir mieux. Lorsqu'un membre d'une famille dysfonctionnelle se rétablit et refuse de jouer son rôle précédent, elle menace de s'effondrer.

Les voleurs de grâce ; les membres de famille qui attendent que l'adolescent troublé échoue à nouveau. Si le bouc émissaire de la famille est guéri, il n'y a plus personne à blâmer pour tous les problèmes. Il n'y a personne pour détourner l'attention des problèmes de tous les autres.

Les voleurs de grâce ce sont les obligations et les interdictions de la religion. Combien de personnes dans nos églises font de leur mieux mais sont liées par des obligations et des droits religieux ? Combien de personnes sont paralysées et courbées sous le poids des problèmes émotionnels et qui pensent que personne ne les comprend ? Combien de personnes sont enchaînées par des désirs cachés qu'elles craignent que les gens découvrent ?

Les voleurs de grâce c'est le fils aîné qui est contrarié que le père organise une fête pour le fils prodigue.

Les voleurs de grâce ce sont les pharisiens mécontents que Jésus passe du temps avec les percepteurs d'impôts.

C'est peut-être la raison pour laquelle nos églises sont sans joie ; un endroit où les gens luttent sous le poids des fardeaux qu'ils ne devraient pas porter ; une assemblée où certains membres sont emprisonnés et paralysés par des secrets qu'ils ont portés toute leur vie.

Jésus proclame : « Venez à moi, vous tous qui êtes fatigués et chargés. » A tous ceux qui sont esclaves des pensées, des émotions, des blessures, Jésus déclare avec assurance : « Je vous libérerai. Venez à moi, car je suis venu pour que vous ayez la vie, la vie en abondance. » Libres de vivre. Libres de louer. Libres pour toujours.

Questions de réflexion
Chapitre 8   Libérée pour louer

Quels « devoirs » et « obligations » t'accablent ?

Quelles sont les attentes des autres qui deviennent des fardeaux dans ta vie ?

Quand as-tu ressenti que ces fardeaux te dépouillent de ta joie ?

À quoi ressemblerait la vie en abondance pour toi ?

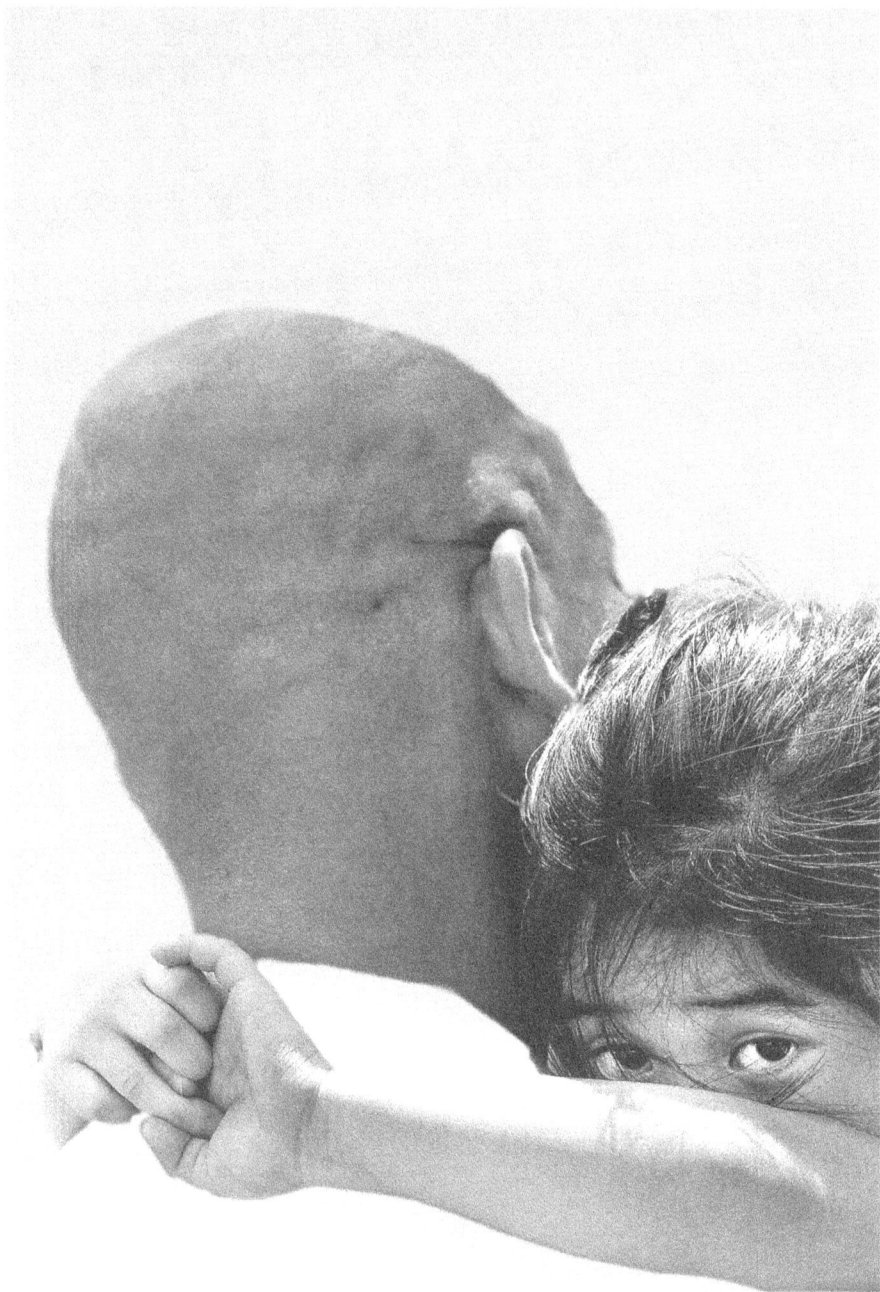

Le voyage - partie 4

Dans l'étreinte de l'amour

Romains 8:38-39
*Car j'ai l'assurance que ni la mort ni la vie,
ni les anges ni les dominations,
ni les choses présentes ni les choses à venir,
ni les puissances, ni la hauteur, ni la profondeur,
ni aucune autre créature ne pourra nous séparer de
l'amour de Dieu manifesté en Jésus Christ notre Seigneur.*

Chapitre 9
Le Dieu qui pleure

Marie

Jean 11:1-45

Son frère bien-aimé était mort. Si seulement Jésus avait été avec eux. Elle savait que Jésus l'aimait, mais il n'est pas venu à temps. Oh, pourquoi a-t-il laissé mourir son cher ami Lazare ?

Beaucoup de personnes avaient aimé Lazare. Il aimait les gens et cela rayonnait tout au long de sa vie. Lazare voulait suivre Jésus partout, mais il devait rester à la maison. Il était le seul héritier. Il serait bientôt l'homme de la maison et avait besoin de s'occuper de ses deux sœurs. Jésus est venu souvent chez eux. Il aimait le confort de leur maison et Lazare semblait procurer une joie spéciale à Jésus. Lazare désirait ardemment être avec Jésus, s'asseoir à ses pieds et l'écouter. Pourquoi Jésus n'était-il pas venu avant qu'il ne soit trop tard ? Pourquoi ? Pourquoi ? Pourquoi ?

Il avait sûrement déjà entendu. Pourquoi n'est-il pas venu ? D'autres sont venus. Pendant quatre jours, beaucoup de personnes sont venues. Pendant quatre jours, Marie était endeuillée, seule, en pleurs.

Soudain, elle entendit de l'agitation dans la pièce principale. Marthe entra dans sa chambre à bout de souffle. « Marie, Marie, Jésus est ici. Il te demande. »

Un nouvel espoir surgit dans son cœur. Elle se leva et passa devant tous les pleureurs en courant. Elle courut au tombeau aussi vite que ses jambes pouvaient la porter. Le tombeau n'avait pas changé ; il était exactement comme il avait été pendant quatre jours ; hermétiquement fermé et son frère à l'intérieur, mort. Sa dernière lueur d'espoir s'évanouit.

Elle se précipita à la rencontre de Jésus. En le voyant, elle s'éclata en sanglots, à ses pieds. Finalement, dans l'angoisse, elle posa la question qui la hantait depuis quatre jours : « Seigneur, où étais-tu ? Si tu avais été ici, mon frère ne serait pas mort. Seigneur, pourquoi n'as-tu pas empêché cela de se produire ? »

Jésus s'abaissa et aida Marie à se lever. Elle pleura de manière incontrôlable dans ses bras. Il regarda autour de lui, vit les larmes, la tristesse de ceux qui étaient là. « Où l'as-tu déposé ? » Demanda-t-il gentiment.

« Viens voir Seigneur », répondit l'un de ses disciples.

Ils se mirent en marche lentement vers la tombe.

Marie pleurait toujours de façon incontrôlable, marmonnant doucement, « Si seulement tu avais été ici, Seigneur. » Jésus la regarda ainsi que ceux qui pleuraient avec elle et qui se posaient la même question.

Le cœur de tous était remplit d'amertume. Leur colère était destinée à Jésus « Cet homme qui a ouvert les yeux de l'aveugle n'a pas pu empêcher Lazare de mourir ? Ne se souciait-il pas ! Où était-il quand nous avions besoin de lui ? »

Jésus considéra la douleur et l'angoisse des personnes assemblées ; il connaissait les questions de leurs cœurs.

Puis Jésus pleura.

Où étais-tu ? La question ricochait contre la pierre scellant la tombe. Silence.

Où étais-tu, Dieu ? Où étais-tu quand le conducteur ivre a tué mon fils ? Où étais-tu quand le paludisme, le Sida, la guerre a causé la mort de mon enfant ? Où étais-tu Dieu quand mon garçon a été kidnappé et assassiné ? Où étais-tu quand nous avons perdu notre maison, notre village, nos amis ? Où étais-tu quand les hommes pervers ont envahi notre maison ? Où étais-tu, Dieu ?

N'est-ce pas la question que nous voulons crier à Dieu ? Où étais-tu ? Où étais-tu quand le mal est entré dans mon monde ? Mais nous avons peur de demander. Notre système religieux ne nous permet pas de crier à Dieu, de nous mettre vraiment en colère contre Lui. Secrètement, nous pensons que si nous demandons, si nous devenons vraiment en colère contre Dieu, Il ripostera.

Mais nous voulons demander. Nous voulons savoir pourquoi. Si Dieu est si puissant, pourquoi a-t-il permis que cela arrive ? Ne voit-il pas ? Est ce qu'Il s'en fiche ?

Un jour, j'ai dû demander. C'était au milieu des montagnes, j'étais seule, assise sur un rocher près d'un lac, la pleine lune dansant sur l'eau. Je m'étais assise en pleurant pendant des heures alors que les souvenirs revenaient. Enfin, je devais savoir. Dans l'agonie, j'ai crié à Dieu : « Où étais-tu alors ? »

J'ai été surprise par le silence. Rien. Pas de réponse. Je m'attendais à une sorte de réponse. Un peu de réconfort me rassurant que Jésus était à mes côtés pendant ces moments de souffrance. Mais rien. Pas de réponse. Pour la première fois de ma vie, Dieu ne m'a pas répondu. Silence.

Où étais-tu ? La question est restée sans réponse. Au moment où j'avais le plus besoin de Dieu, au moment où mon cœur aspirait à connaître une raison quelconque, un peu de réconfort pour ma douleur, il est resté silencieux.

Mais alors que j'étais assise, éperdue dans ma douleur, blessée, déçue, une autre scène m'est venue à l'esprit. Il a été pendu sur la croix. Battu, humilié, nu. Seul dans l'obscurité, brisé par la douleur, Jésus a crié d'une voix forte : « Eloi, Eloi lama sabachthani ; Mon Dieu, mon Dieu, pourquoi m'as-tu abandonné ? »

Le Fils de Dieu a crié à son Père : « Dieu, où es-tu maintenant ? » Et il y eut un silence. Pour la première fois de sa vie, son Père ne lui a pas répondu. Rien. Le silence résonna dans les cieux.

Au moment où Jésus avait le plus grand besoin de son Père, Dieu a tourné le dos. Au moment où Son fils portait les péchés du monde, le Dieu de la vérité lui a tourné le dos. Son propre Père ne lui a pas répondu. Silence.

Mais alors que Dieu détournait son visage de celui qu'il aimait, il y avait des larmes dans ses yeux. Alors que son fils criait à l'agonie, Dieu pleurait.

Dieu a pleuré !

Dieu était là. Mais il n'a pas intervenu. Il n'a pas empêché les hommes pervers de faire ce qu'ils voulaient à Son Fils. Il n'arrête pas toujours les gens méchants dans leurs actions bien qu'il déteste ce qu'ils font. Il les jugera, mais Il a donné aux êtres humains le libre arbitre. Aimer ou détester. Faire le bien ou faire le mal. Mais Dieu est là !

Il y aura un temps où chaque larme disparaîtra, chaque chagrin d'amour guérira. Les maladies, les catastrophes, la mort font maintenant partie de notre monde déchu, ce n'est pas une partie du monde que Dieu voulait. Mais Dieu est là.

Dans tes moments de douleur, Dieu est là.

Au moment où ta vie a été brisée, Dieu se souciait de toi.

Au moment où tu as crié dans l'angoisse, Dieu a pleuré.

Questions de réflexion

Chapitre 9 Le Dieu qui pleure

Quand as-tu senti dans ta vie que Dieu ne prenait pas soin de toi ?

Quand as-tu ressenti de la colère contre Dieu ? Qu'est-ce que tu as fait ?

Quand as-tu senti que Dieu était silencieux et n'a pas répondu à ta prière ?

Que penses-tu qu'il se passerait si tu exprimais tes sincères sentiments à Dieu ?

A ton avis, comment Dieu se sent-il quand les gens font des choses mauvaises ?

A quelle point la perception de ta vie changerait-elle si tu savais que Dieu a pleuré avec toi ?

Chapitre 10
S'abandonner à l'amour

Marthe

Jean 11

La fièvre de Lazare était encore très élevée. Il avait été malade pendant une semaine, et la fièvre ne diminuait pas. Les médecins avaient tout essayé, mais il n'y avait plus beaucoup d'espoir. La santé de Lazare se détériorait rapidement.

Marthe appela un serviteur « Va trouver Jésus. Dis-lui que Lazare ... non, dis-lui que celui qu'il aime est malade. Dépêche-toi ! Je sais qu'il viendra dès qu'il t'entendra. Il ne laissera pas mourir son ami. Il a guéri les autres. Il peut aussi guérir Lazare. »

Le serviteur se mit en route rapidement. Après deux jours de voyage, il trouva finalement où Jésus séjournait.

Immédiatement, Jésus le reconnut comme l'un des serviteurs de Marthe. Épuisé, l'homme s'agenouilla aux pieds de Jésus. « Seigneur, » dit le serviteur, « Seigneur, celui que tu aimes est malade. »

Quand il entendit cela, Jésus dit : « Cette maladie ne finira pas dans la mort. Non, à travers elle, les gens verront le pouvoir de Dieu. »

À contrecœur, les disciples commencèrent à se préparer pour aller à Béthanie. Ils craignaient ce qui arriverait à Jésus s'il voyageait si près de Jérusalem. Les autorités avaient alerté tout le monde. Tous étaient à la recherche de Jésus. Ils ne le laisseraient pas s'échapper cette fois.

Cependant, ils savaient combien Jésus aimait Marthe, Marie et Lazare. Combien de jours heureux et paisibles il avait passé chez eux. Il ne refuserait pas leur demande urgente. Alors, ils emballèrent leurs affaires et attendirent. Chaque jour ils se demandaient pourquoi Jésus n'était pas encore parti. Chaque jour ils étaient soulagés qu'il reste sur place.

Dès que Marthe a envoyé le serviteur pour trouver Jésus, Lazare est entré dans un coma. Le deuxième jour, sa maladie s'est terminée par la mort. Lazare est mort.

Les pleureurs vinrent de partout. Lazare avec son esprit joyeux et sa nature facile à vivre était très apprécié de tout le monde. Beaucoup sont venus par respect pour Marthe et Marie.

Mais, Marthe ne s'attendait à voir qu'une seule personne. Et elle attendait, espérant, pensant peut-être qu'il viendrait bientôt. Ils n'enterreraient pas Lazare aussi longtemps qu'il y avait de l'espoir.

Mais, à la tombée de la nuit, le peu d'espoir qu'elle possédait, mourut. Ils ne pouvaient plus retarder l'enterrement. Ils mirent Lazare dans la tombe familiale, scellée par une pierre. Jésus n'était pas venu. Lazare n'a pas été sauvé. La mort a accompli son œuvre. C'était trop tard.

Les jours passèrent dans la confusion pour Marthe alors que les visiteurs allaient et venaient. Elle passait son temps à donner des instructions à ses serviteurs pour préparer la nourriture et s'occuper de ses invités. Mais, la pensée, la question dans son esprit était : « Où était-il ? S'il était venu quand je le lui ai demandé, cela ne serait jamais arrivé. Lazare serait encore vivant. »

Soudain, l'un des serviteurs se précipita à l'intérieur, « Jésus est en route. » Dès qu'elle entendit cette déclaration, Marthe se leva rapidement et se mit à courir à la rencontre de Jésus.

Avant qu'elle ne puisse se contenir, Marthe laissa échapper la question qui lui trottait dans le cœur depuis quatre jours : « Seigneur, si tu avais été là, mon frère ne serait pas mort. Si tu étais venu quand je te l'ai demandé, il serait encore vivant. » Soudain, elle eut honte. Qui était-elle pour accuser le Seigneur ?

En regardant dans les yeux de Jésus, elle ne vit pas de colère mais l'amour. L'amour qui ouvrit la porte à l'espoir. L'amour qui lui demandait de faire confiance. Cependant, elle avait trop peur pour oser espérer, mais elle voulait le faire. Timidement, elle dit : « Mais je sais que, même maintenant, Dieu t'accordera tout ce que tu demanderas. »

Jésus connaissait la question qu'elle voulait poser, la requête qu'elle avait peur de lui adresser. Il lui dit, « ton frère ressuscitera. »

Marthe regarda Jésus dans les yeux, le sondant, voulant croire, mais elle n'en était pas encore capable. Elle connaissait la réponse qu'il fallait donner. Elle l'avait entendue depuis l'enfance, « Je sais qu'il ressuscitera à la résurrection au dernier jour. »

Jésus fit une pause, désirant patiemment que cette personne qu'il aimait tant puisse croire en lui. Ce qui était important ce n'était pas seulement de donner la bonne réponse, mais de connaître la Réponse ; de connaître Jésus et non de savoir seulement quelque chose seulement à propos de lui. Jésus incitait Marthe à connaitre vraiment qui il était ; combien il voulait se révéler à elle si seulement elle pouvait croire.

« Marthe », dit doucement Jésus, « Je suis celui qui ressuscite les gens d'entre les morts. Je suis celui qui donne la vie éternelle. Quiconque croit en moi, même s'il meurt, revivra. Et quiconque croit en moi aura la vie éternelle. C'est ce que je suis. Est-ce que tu crois cela ? »

Marthe se leva, essayant de s'approprier les paroles de Jésus. Elle voulait croire, avoir confiance, mais elle ne pouvait pas aller aussi loin. Elle n'arrivait pas à lâcher ses doutes. Elle répondit en utilisant la bonne réponse : « Oui, Seigneur, je crois que tu es le Christ, le Fils de Dieu qui devait venir dans le monde. »

Elle ne pouvait pas rester plus longtemps. Elle retourna rapidement à la maison en pleurant. Pourquoi ne pouvait-elle pas croire ? Pourquoi ne pouvait-elle pas abandonner ses doutes et croire en lui ? Elle aspirait à la relation que Marie avait avec Jésus. Marie le connaissait personnellement. Marthe connaissait seulement des vérités le concernant. Marthe essuya ses larmes, entra et appela Marie.

Comme elle marchait lentement vers la tombe, ses pensées étaient centrées sur lui, sur son amour. Elle avait passé des jours à le servir, mais elle ne le connaissait pas vraiment. Elle connaissait toutes les bonnes réponses. Mais il lui demandait d'entrer dans l'inconnu, de croire ce qu'elle ne pouvait pas voir, ce qu'elle ne pouvait pas comprendre.

Elle vint au tombeau et vit Jésus s'approcher, pleurant avec Marie à ses côtés. Soudain, Marthe réalisa que quelque chose fondait dans son cœur. Jésus vint vers elle et la regarda profondément dans les yeux, la suppliant de croire. « Marthe, enlève la pierre. »

Sans réfléchir, elle répondit : « Mais, Seigneur, il est dans la tombe depuis quatre jours. Il n'y a plus d'espoir. Son corps a déjà commencé à se décomposer. »

Jésus continua de regarder profondément Marthe : « Ne t'ai-je pas dit que si tu crois, tu verras la gloire de Dieu ? »

Ils se regardèrent pendant un moment ; Marthe balança entre la foi et le doute, entre la connaissance et la foi, sa volonté ou celle de Jésus ? Fallait-il faire confiance à elle-même ou faire confiance à l'amour de Dieu ? Jésus patiemment attendait qu'elle lui fasse confiance.

Gardant les yeux sur lui, elle se lança pour la première fois dans l'inconnu.

Marthe, la personne pragmatique, fit quelque chose d'absurde ; elle s'abandonna à son amour. À ses serviteurs qui attendaient à proximité, elle dit : « Enlevez la pierre. »

Nous pouvons passer des années à suivre Jésus. Nous pouvons passer des années à connaître Jésus. Mais il arrive un moment où nous devons lui faire confiance, nous abandonner à son amour. Nous passons alors de ce que nous savons, ce que nous avons vu, ce qui constitue le cadre de notre expérience au moment où nous faisons des choses qui ne semblent pas avoir de sens.

Mais, Dieu semble déterminer à demander aux êtres humains de lui faire confiance. En fait, il semble même prendre plaisir à nous demander de croire l'absurde.

Réalisez-vous à quel point cela a paru ridicule quand Dieu a dit à Abraham qu'il serait le père des nations alors qu'il n'avait même pas de fils. Ne blâmez pas Sarah d'avoir ri. Nous aurions probablement ri aussi.

Ou pouvez-vous imaginer Moïse, l'armée de Pharaon derrière lui, la mer Rouge devant lui ?

Ou David, debout devant un géant avec rien de plus que cinq pierres et beaucoup de foi ?

Ou Ruth sans mari, sans espoir ? Tout ce qu'elle savait c'est qu'elle voulait connaître ce Dieu que Naomi adorait. Qui aurait imaginé qu'elle serait l'arrière-grand-mère d'un roi ?

Ou Marie ? Pouvez-vous imaginer à quel point cela semblait absurde quand elle a dit à Joseph qu'elle était enceinte - et que cela venait du Saint-Esprit ?

Parfois, Dieu provoque dans nos vies une situation impossible pour nous amener à nous abandonner finalement à son amour.

Mais, peut-être pour vous, ce n'est pas une situation impossible à laquelle vous faites face. Peut-être que l'impossible, c'est de croire ce qu'il sait déjà de vous. Peut-être qu'il vous demande de croire qu'il vous aime vraiment. Il pense que vous êtes belle, peu importe ce que votre entourage vous a enseigné ; que Dieu vous donne de bons dons, pas ceux dont vous pensez avoir besoin, mais ceux dont vous avez vraiment besoin ; que le Dieu de l'univers aime réellement passer du temps avec vous et désire avoir une relation avec vous.

Est-ce absurde ? Aussi absurde que Jésus ressuscitant un homme qui a passé quatre jours après sa mise dans une tombe ! Il y a des moments où nous devons juste croire.

Nous devons faire un choix. Nous devons choisir entre garder sa propre haine ou accepter l'amour d'autrui. Nous devons abandonner ce que nous avons connu toute notre vie et croire en quelque chose de nouveau. Quelque chose que nous ne pouvons pas vraiment imaginer, quelque chose qui est totalement en dehors de notre expérience. Nous devons nous abandonner à Celui qui nous aime pour finalement laisser aller nos raisonnements. Et quand nous le ferons, Dieu nous surprendra au-delà de nos rêves les plus fous.

Oh, et la fin de notre histoire ? L'absurde est devenu réalité. Le frère qui était mort, le frère qui avait été enveloppé dans des linges funéraires, le frère qui avait été dans le tombeau quatre jours, le frère qu'ils croyaient avoir perdu pour toujours ? Il est sorti de la tombe pour se jeter dans leurs bras. Jésus les a surpris au-delà de leurs rêves les plus fous.

Questions de réflexion

Chapitre 10   S'abandonner à l'amour

Selon toi, quelles situations dans ta vie semblent impossibles à changer pour Dieu ?

Qu'est-ce qui t'empêche de croire que Dieu peut faire ces choses ?

Quelles situations dans ta vie as-tu de la difficulté à croire ?

Quelles sont les choses à propos de Dieu que tu as du mal à croire ?

Qu'est-ce qui t'empêche de t'abandonner complètement à l'amour de Dieu ?

Chapitre 11

L'invitation à aimer

Marie

Jean 12:1-9

Marie s'est assise aux pieds de Jésus alors que lui et ses disciples savouraient les plats préparés par Marthe. Elle regardait Lazare qui riait et plaisantait avec Jésus. Lazare était vivant. Le cœur de Marie était rempli de gratitude. Elle regarda Jésus, qui profitait du repos loin de la foule et à nouveau avec ses amis. Quel merveilleux cadeau Marthe lui avait donné, cette fête qui montrait également sa reconnaissance avec chaque plat cuisiné.

Comme elle enviait Marthe en ce moment ; sa sœur possédait le talent et les qualités nécessaires pour montrer cela d'une manière si belle : un festin en l'honneur de Jésus. Elle regarda sa sœur tandis qu'elle se déplaçait gracieusement parmi les hommes, dirigeant doucement ses serviteurs.

Une véritable transformation avait eu lieu ! Marthe servait avec une nouvelle sérénité intérieure. Marthe servait vraiment dans l'abondance de l'amour dont débordait son cœur ; elle utilisait ses dons pour honorer Jésus.

Mais, Marie, que pouvait-elle faire ? Son cœur débordait aussi de reconnaissance. Son frère était vivant. Mais elle n'avait rien qu'elle puisse donner à Jésus.

En regardant de nouveau le visage de Jésus, elle vit une ombre de tristesse derrière son sourire. Un frisson parcourut son corps. Il y avait quelque chose dans ses yeux qui la poussait à vouloir le réconforter. Un lourd fardeau semblait peser sur son cœur.

Puis elle se souvint de quelque chose et elle sut ce qu'elle devait faire. La bouteille d'albâtre avec le parfum ! C'était son héritage, sa sécurité, son avenir. C'était tout ce qu'elle possédait. C'était son cadeau pour Jésus.

Elle se leva rapidement et courut vers sa chambre. Elle vit, la bouteille scellée, la prit dans ses mains et admira le motif. Elle ne pouvait être débouchée qu'en brisant l'ouverture. Si elle devait donner cela à Jésus, elle donnerait tout le contenu.

Rien de tout cela ne comptait alors qu'elle se précipita dans la pièce où les hommes étaient allongés. Elle ouvrit la bouteille et son parfum remplit l'air. Elle versa le parfum, joyeusement, complètement, sur les pieds de Jésus. Puis, d'un cœur reconnaissant, elle essuya ses pieds avec ses cheveux, ses larmes se mêlant au parfum. Joyeuse du retour à la vie de son frère, elle savait, d'une manière ou d'une autre, que Jésus partirait bientôt. La joie et la douleur se mélangeaient à ses larmes.

Jésus la regarda avec amour et tristesse, connaissant les événements qui allaient avoir lieu dans les jours à venir. Il connaissait la douleur qui les attendait. Il savait combien il était difficile de se dire au revoir.

Marie savait de façon intuitive que c'était un au revoir. Son cœur sensible avait enregistré toutes ses références à sa mort. Et elle savait que sa mort était imminente. Ses yeux rencontrèrent les siens et elle comprit.

Les disciples étaient tellement choqués qu'ils restèrent silencieux. Marie était allée trop loin. Cela ne les dérangeait pas qu'elle écoute les enseignements de Jésus avec eux, mais cette fois elle avait dépassé les limites. Quel gâchis ! Ils connaissaient tous le coût du parfum. Sûrement, le Seigneur n'approuverait pas un tel gaspillage.

Alors, Judas prit la parole et dit, « Quel gâchis. Elle aurait pu nous donner le parfum, et nous aurions pu le vendre et donner l'argent aux pauvres. » Les autres disciples étaient d'accord avec lui.

Les yeux de Jésus s'enflammèrent de colère. Il savait que Judas ne disait pas cela parce qu'il se souciait des pauvres.

Il répondit alors : « Laissez-la tranquille. Elle l'a fait en préparation de ma mort. Les pauvres, vous les aurez toujours avec vous. Mais je ne serai pas avec vous pour longtemps. »

Marie et Judas : quel contraste. L'une a donné à Jésus. L'autre lui a volé. L'une aimait Jésus, l'autre l'a trahi. L'une est célèbre pour son amour. L'autre est célèbre par sa mort. La même invitation de Jésus avait été adressée a chacun, et a reçu deux réponses différentes.

Qu'est-ce qui a fait la différence ? Jésus a-t-il aimé Marie et non Judas ? En réalité, Jésus a passé probablement plus de temps avec Judas et, jusqu'à la fin, lui a offert l'amour et l'amitié. Alors, qu'est-ce qui a fait la différence ? Jésus ne les a-t-il pas aimés tous les deux ? Oui, il les aimait. Il leur a donné à la fois la même invitation. L'une a dit oui. L'autre a dit non

Dieu désire ardemment nous aimer. Mais, nous ne pouvons pas expérimenter son amour à moins que nous ne voulions le recevoir. Tant de fois nous nous concentrons sur ce que nous devons faire pour Dieu. Ce que nous devons abandonner. Notre religion est définie en termes de devoir, faire les bonnes choses aux bons moments, de la bonne manière. Mais Jésus ne nous offre pas une religion. Il s'offre lui-même. Il nous offre une relation. Il nous offre son amour, et nous devons l'accepter pour finalement le recevoir.

Deux personnes. Deux réponses à une invitation à aimer. Jésus attend. Il a déjà montré combien Il t'aime. Il n'est pas mort pour tes sacrifices, ni pour tes obigations envers lui, mais pour toi. Penses-y. Le Dieu du ciel et de la terre désire avoir une relation avec toi. Le Dieu d'amour veut que tu expérimentes son amour pour toi. Son invitation attend ta réponse. Amour ou devoir ? Religion ou relation ? C'est à toi de décider.

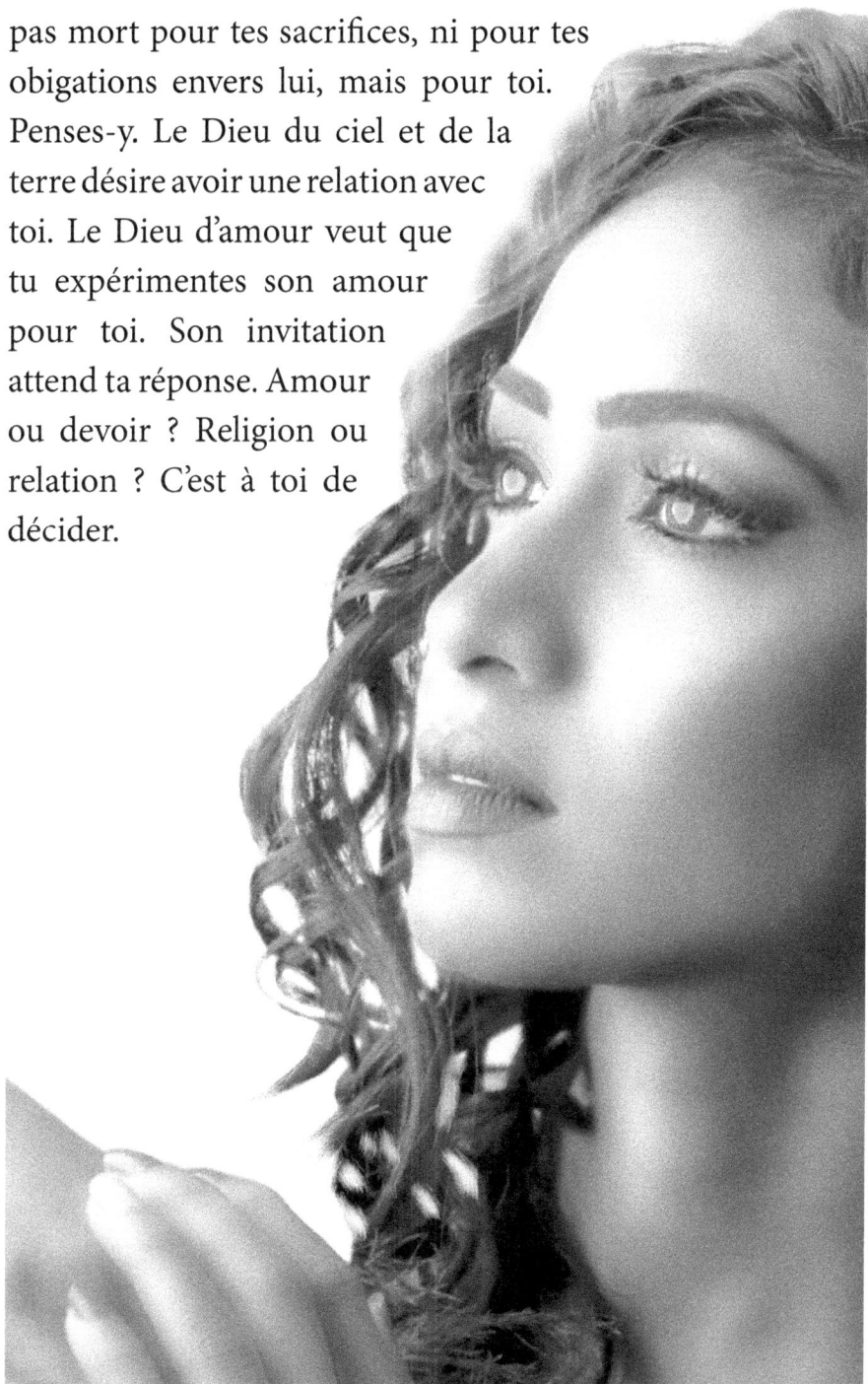

Questions de réflexion

Chapitre 11   L'invitation à aimer

Quelle était la différence entre la réponse de Marie et celle de Judas à Jésus ?

As-tu expérimenté l'amour de Dieu pour toi ?

L'invitation de Jésus pour une relation personnelle avec lui t'attend. Quelle sera ta réponse ?

Si tu veux accepter l'invitation de Jésus, tu peux simplement le lui dire. Prier c'est simplement parler a Dieu ; tu peux utiliser les mots suivants

Seigneur Jésus, je veux etre transformée par ton amour. Je veux te connaitre et avoir une relation personnelle avec toi. J'ai péché etil y a des choses dans ma vie qui ne sont pas agreables à tes veux. Je veux te connaitre comme mon sauveur et mon Seigneur ; celui qui est mort pour mes péchés afin que je puisse avoir un nouveau départ. Je m'abandonne à ton amour afin de commencer une vie nouvelle avec toi.

Amen

L'étape suivante

Pour nous, nous l'aimons,
parce qu'il nous a aimés le premier.

1 Jean 4:19

Dans quelques instants, nous allons à nouveau nous séparer. J'espère que vous avez aimé rencontrer mon ami Jésus autant que j'ai aimé le présenter.

J'espère que pour ceux d'entre vous qui n'ont pas encore commencé votre voyage avec Jésus, vous avez trouvé le courage de commencer. Cela peut être douloureux. Cela peut être long. Mais Jésus promet d'être avec vous tous les jours. Il se soucie de vous. Il vous aime. Il promet qu'il ne vous abandonnera jamais, quoi qu'il arrive.

Pour ceux qui ont commencé ce voyage avec Jésus il y a

longtemps, j'espère que vous avez été rafraîchi. Bien que cela puisse sembler être un processus lent, Dieu promet de continuer son travail dans votre vie.

Merci de m'avoir rejoint pour une courte période de mon propre voyage. Vous avez fait partie de l'accomplissement de la promesse de Dieu pour moi. Ce que les gens avaient l'intention d'utiliser pour le mal, Dieu a utilisé pour le bien.

J'espère que votre vie sera transformée par l'amour.

Questions de réflexion

L'étape suivante

Quelle étape suivante es-tu prête à franchir dans ton voyage sur cette terre ?

De quelle manière ta vie a-t-elle été transformée par l'amour de Dieu ?

Et voici ce témoignage, c'est que Dieu nous a donné la vie éternelle, et que cette vie est dans son Fils. Celui qui a le Fils a la vie; celui qui n'a pas le Fils de Dieu n'a pas la vie.

Je vous ai écrit ces choses, afin que vous sachiez que vous avez la vie éternelle, vous qui croyez au nom du Fils de Dieu.

Nous avons auprès de lui cette assurance, que si nous demandons quelque chose selon sa volonté, il nous écoute.

Et si nous savons qu'il nous écoute, quelque chose que nous demandions, nous savons que nous possédons la chose que nous lui avons demandée.

1 Jean 5:11-15

Pour une lecture approfondie

Les narrations brèves ci-dessus abordent des problèmes de vie difficiles et peuvent faire référence à des événements qui ne sont pas familiers au lecteur. En examinant les histoires originales, vous pouvez non seulement clarifier des références obscures, mais aussi révéler d'autres idées sur le fait d'être transformé par l'amour. Voici une liste de références de la Bible pour aider à accéder aux histoires originales mentionnées dans chaque chapitre

Une invitation :

1 Hanah Hunard. 1975. *Hinds' Feet on High Places.*
  Wheaton : Tyndale House Publishers, Inc. 25,27.
  Ce livre est une allégorie agréable au sujet d'un voyage de guérison, de transformation et de restauration. La citation au début de ce livre est le début du voyage du personnage principal.

Sur le thème de trouver son chemin, voir Proverbes 3, en particulier les versets 5 et 6.

Chapitre 1   La combattante

La référence à «La Voie» vient de Jean 14, 5-7.

L'histoire d'Abraham plaidant pour Sodome se trouve dans Genèse 18, 16-33.

Moïse demande à Dieu de montrer Sa gloire dans Exode 33, 12-23.

L'histoire de Jacob se trouve dans Genèse 33, 22-31.

L'histoire de l'échec de Pierre se trouve dans Jean 18, 15-18 et Jean 18, 25-27. Sa restauration se trouve dans Jean 21, 1-25

Chapitre 2   Quand les rêves meurent

Quand de la première famille est brisée, cette histoire est racontée dans Genèse 4, 1-16

L'histoire du fils prodigue est racontée dans Luc 15, 11-32.

Chapitre 3   La honte supprimée

L'histoire de Moïse tuant un Égyptien se trouve dans Exode 2, 11-14. Un compte rendu plus détaillé de la façon dont Moïse a conduit Israël hors d'Egypte se trouve dans Exode 2, 1-15 : 27.

L'histoire du péché et de la restauration de David se trouve dans 2 Samuel 11, 1 ; 12 : 24.

L'histoire de Rahab est dans Josué 2, 1-21

La transformation de Paul se trouve dans Actes 9, 1-31.

Des histoires sur la vie de Paul en tant que missionnaire se trouvent dans Actes 11, 19-30 et Actes 12, 55 - Actes 28, 31.

Chapitre 4   *Libérée par l'amour*

Quelques autres endroits qui mentionnent spécifiquement les femmes disciples: Luc 23: 27-Luc 24:12 au procès de Jésus, à sa mort et à sa résurrection

Luc 8: 1-3 nomme des femmes qui ont suivi Jésus.

Chapitre 5   *Rencontre avec la vérité*

D'autres références aux Samaritains donnent un aperçu supplémentaire de la profondeur de la haine entre les Juifs et les Samaritains. Dans Luc 10: 25-37, la parabole de Jésus utilise un Samaritain pour attirer l'attention sur les normes de Dieu pour aimer nos voisins.

Chapitre 6   Rencontre avec la grace

La commission de Pierre se trouve dans Jean 21, 1-25.

Plus d'informations sur Jean Marc peuvent être trouvées dans Actes 12, 25-13 : 13, Actes 15, 36-41, 2 Timothée 4 , 1, Colossiens 4, 10, et Philémon 1, 24.

Chapitre 7   Libérée pour aimer

Matthieu 12: 46-50 décrit les disciples de Jésus comme ceux qui font la volonté du Père.

Luc 18: 9-14 met en contraste les activités d'un pharisien et d'un percepteur d'impôts, de quelqu'un qui a l'air bien aux yeux du monde et de quelqu'un qui a l'air bien aux yeux de Jésus.

Chapitre 8   Libre de louer

Une histoire de Jésus mangeant avec un percepteur des impôts est dans Jean 19, 1-10

La référence pour «Viens à moi tous ceux qui pèsent lourdement» est dans Matthieu 11, 25-40.

La référence pour la vie abondante se trouve dans Jean 10, 10.

Chapitre 9   Le Dieu qui pleure

L'histoire de la mort de Jésus se trouve dans Matthieu 27:
45-56.

L'histoire continue avec son enterrement et sa résurrection
dans Matthieu 27:57 à Matthieu 28: 1-8.

Chapitre 10   S'abandonner à l'amour

D'autres endroits où Jésus parle de donner la vie éternelle se
trouvent dans Jean 3, 16 et Jean 17, 1-3.

L'histoire de la promesse de Dieu à Abraham et Sarah est
dans Genèse 18, 1-15.

L'histoire de la séparation de la mer Rouge est dans Exode
14, 1-31.

L'histoire de David et Goliath se trouve dans 1 Samuel 17,
1-54.

L'histoire de Ruth est racontée dans le livre de Ruth.

L'histoire de Marie est racontée dans Matthieu 1, 18-25.

Chapitre 11   L'invitation à aimer

L'histoire de la trahison et de la mort de Judas est racontée dans

Matthieu 26: 14-56 et Matthieu 27: 1-10.

Remerciements

Ce livre n'a pas été écrit par une seule personne, mais plutôt dans une communauté de compagnons de voyage.

Je veux remercier mon mari qui est mon compagnon de voyage depuis 20 ans. C'est une aventure d'amour, d'apprentissage et de rire.

Je tiens à remercier Médine Keener qui m'a rencontrée chaque mois et a lu les chapitres avec moi. Elle m'a donné une nouvelle perspective globale sur les défis auxquels les femmes du monde entier font face. Son expérience et ses idées ont vraiment enrichi ce livre

Plusieurs personnes ont lu les chapitres de ce livre et ont fourni des critiques et des commentaires qui ont inspiré de nombreux changements.

Je tiens à remercier mon collègue, Dr Craig Keener, d'avoir lu le brouillon de ce livre et contribué avec des commentaires pour améliorer la narration textuelle et historique du texte.

Je tiens à remercier Julie Tennent pour ses commentaires éditoriaux et son soutien enthousiaste à ce projet. Son encouragement est un don que j'apprécie énormément.

Je tiens également à remercier le groupe de femmes du Séminaire théologique d'Asbury, qui sont venues tous les mois pour lire des chapitres de ce livre. Leurs commentaires et expériences ont fourni des idées qui ont été incorporées dans les récits

A tous ceux qui font partie de mon groupe de vie spirituelle, je peux seulement dire que c'est amusant d'entreprendre ce voyage terrestre avec vous. Votre volonté de faire de ce livre une de nos études bibliques m'a aidé à imaginer comment cela peut encourager l'église.

Je suis tellement reconnaissante qu'il y a des gens comme mes chers amis Désirée LaChapelle et Nancy Hoffman. Ils ont un don et un talent pour les détails et la relecture. Sans eux, ce livre n'aurait pas pu aboutir.

Pour beaucoup de mes chers amis et mentors, j'espère que vous pouvez voir l'influence de vos vies sur moi dans ce travail. Votre volonté de m'accompagner à travers des époques de ma vie a apporté la joie, la guérison et l'amour.

Un grand merci à Myriam Catrycke et Nicole Vernet pour les corrections en français.

Une reconnaissance spéciale a ma mére,

Antoinette Malombe (aussi connue sous le nom de Mme Jacques). Ton amour, tes prières, tes conseils et l'exemple de ta relation personnelle avec Dieu ont fait de moi la personne que je suis aujourd'hui. Merci.

A toujours, ô Éternel!
Ta parole subsiste dans les cieux.

Ta parole est une lampe à mes pieds,
Et une lumière sur mon sentier.

Psaumes 119:89, 105